中华当代学术著作辑要

现代汉语句法论

陆俭明 著

创于1897
商务印书馆
The Commercial Press

图书在版编目(CIP)数据

现代汉语句法论/陆俭明著.—北京:商务印书馆,2022(2023.5重印)
(中华当代学术著作辑要)
ISBN 978-7-100-20720-1

Ⅰ.①现… Ⅱ.①陆… Ⅲ.①现代汉语—句法—研究 Ⅳ.①H146.3

中国版本图书馆CIP数据核字(2022)第025885号

中华当代学术著作辑要

现代汉语句法论

陆俭明 著

商务印书馆出版
(北京王府井大街36号 邮政编码100710)
商务印书馆发行
北京通州皇家印刷厂印刷
ISBN 978-7-100-20720-1

2022年3月第1版 开本710×1000 1/16
2023年5月北京第2次印刷 印张17¼
定价:98.00元

中华当代学术著作辑要

出 版 说 明

学术升降，代有沉浮。中华学术，继近现代大量吸纳西学、涤荡本土体系以来，至上世纪八十年代，因重开国门，迎来了学术发展的又一个高峰期。在中西文化的相互激荡之下，中华大地集中迸发出学术创新、思想创新、文化创新的强大力量，产生了一大批卓有影响的学术成果。这些出自新一代学人的著作，充分体现了当代学术精神，不仅与中国近现代学术成就先后辉映，也成为激荡未来社会发展的文化力量。

为展现改革开放以来中国学术所取得的标志性成就，我馆组织出版“中华当代学术著作辑要”，旨在系统整理当代学人的学术成果，展现当代中国学术的演进与突破，更立足于向世界展示中华学人立足本土、独立思考的思想结晶与学术智慧，使其不仅并立于世界学术之林，更成为滋养中国乃至人类文明的宝贵资源。

“中华当代学术著作辑要”主要收录改革开放以来中国大陆学者、兼及港澳台地区和海外华人学者的原创名著，涵盖文学、历史、哲学、政治、经济、法律、社会学和文艺理论等众多学科。丛书选目遵循优中选精的原则，所收须为立意高远、见解独到，在相关学科领域具有重要影响的专著或论文集；须经历时间的积淀，具有定评，且侧重于首次出版十年以上的著作；须在当时具有广泛的学术影响，并至今仍富于生命力。

自 1897 年始创起，本馆以“昌明教育、开启民智”为己任，近年又确立了“服务教育，引领学术，担当文化，激动潮流”的出版宗旨，继上世纪八十年代以来系统出版“汉译世界学术名著丛书”后，近期又有“中华现代学术名著丛书”等大型学术经典丛书陆续推出，“中华当代学术著作辑要”为又一重要接续，冀彼此间相互辉映，促成域外经典、中华现代与当代经典的聚首，全景式展示世界学术发展的整体脉络。尤其寄望于这套丛书的出版，不仅仅服务于当下学术，更成为引领未来学术的基础，并让经典激发思想，激荡社会，推动文明滚滚向前。

商务印书馆编辑部

2016 年 1 月

目　录

序

收集在这个集子里的17篇文章都是1980年以来撰写的,都是有关句法方面的,故题名为《现代汉语句法论》。这时期所写的有关虚词研究方面的文章已收集在《现代汉语虚词散论》(北京大学出版社,1985年)一书里。

在所收的17篇文章里,前10篇是对某些现代汉语句法现象的分析和描写,后7篇是对现代汉语句法研究中的某些理论与方法的探讨和评论。这些文章大都属于描写性的,所用理论和方法基本上是美国结构主义的,同时也有选择地吸取了现代语义学、语用学和"格"语法中有用的东西,尝试从语义、语用的角度对所讨论的句法现象作些分析描写。

语法研究发展到今天,光注意形式不注意意义不行,光注意意义不注意形式也不行。语法研究应尽量做到形式和意义的结合。所谓结合不是说在研究某个问题时一定要形式、意义双管齐下同时入手。事实上这是不大可能做到的。我们所说的结合,是要求形式和意义互相渗透,互相验证。我们研究一个问题,可以从形式也可以从意义入手,但一定要在另一方面得到验证。本书各篇基本上都贯彻了这一原则。

为便于读者阅读,除短文外,都在文章开头写了提要。

承蒙商务印书馆大力支持,才使本书得以和读者见面,谨在此深致谢意。

陆俭明

1989年11月于中关园

汉语口语句法里的易位现象

§1. 题解

1.1　汉语最主要的特点在于没有严格意义的形态标志和形态变化,因此在汉语中,那些彼此互相对立而又互相依存于同一句法结构之内的句法成分,如主语和谓语、修饰语和中心语、述语和宾语等,它们的位置相对说来是比较固定的,可是在口语里却常常可以灵活地互易位置。例如:"你哥哥来了吗?""大概走了吧。"在口语里,这两个句子的前后成分可以倒置过来,说成:

(1)来了吗,你哥哥?
(2)走了吧,大概。

这种现象我们称之为易位现象。这是口语句法里所特有的一种现象。

1.2　我们把§1.1中的例(1)、(2)这样的句子称为易位句。为了叙述方便起见,我们把“来了吗”“走了吧”称作前置部分,将“你哥哥”“大概”称作后移部分。这种易位句写在纸上,习惯在互易的两部分之间用个逗号,如上例。又如:

(1)冷得怪呢,这房子。(孙犁《邢兰》)

(2)怎么了,你?(孙犁《荷花淀》)[①]

(3)周蘩漪:……(向饭厅走)出来呀,你!(《曹禺选集·雷雨》)

1.3　凡易位句,都具备下列四个特点:

1.易位句的语句重音一定在前置部分上,后移部分一定轻读。拿§1.1中例(1)来说,语句重音在“来”上,“你哥哥”一定轻读。同样,例(2)语句重音在“走”上,“大概”得轻读。

2.易位句的意义重心始终在前置成分上,换句话说,后移成分永远不能成为强调的对象。例(1)意义重心在“来了吗”,例(2)意义重心在“走了吧”。

3.易位句中被倒置的两个成分都可以复位,复位后句子意思不变。请看:

来了吗,你哥哥?=你哥哥来了吗?

走了吧,大概。=大概走了吧。

等号左右两种说法在意义上是等价的。事实上这两种句式在口语中都常见。当然易位句有它自身特有的表达作用。凡易位句,前置部分总是说话人急于要传递给听话人的东西,因而往往带有被强调的色彩,后移部分则是稍带补充性的东西。这也正是口语里出现易位句的原因。

4. 句末语气词绝不在后移部分之后出现,一定紧跟在前置部分之后。例(1)、(2)绝不可以说成:

*来了,你哥哥吗?

*走了,大概吧。

上述四条是易位句普遍具备的特点,也是我们确定易位句的依据。

1.4 附带说明:下文在描写、说明各种易位现象时,有的地方用了些符号,有的地方没有用。我们使用符号的原则是,一般不用,当不用符号不便于描写说明时,才适当用一些。

§2. 主语和谓语之间的易位现象

2.1 形容词谓语句可以易位,不过多见于疑问句和感叹句,陈述句少见。例如:

(1) 酸不酸,这梨?(=这梨酸不酸?)

(2) 真高啊,这楼!(=这楼真高啊!)

(3) 不太贵,那钢笔。(=那钢笔不太贵。)

主语为施事的动词谓语句也可以易位,常见的是疑问句、祈使句和陈述句。例如:

(4) 放假了吗,你们?(=你们放假了吗?)

(5)快上车吧,小王。(=小王快上车吧。)[②]

(6)别说了,你。(=你别说了。)

(7)看电影去,我们。(=我们看电影去。)

作为陈述句只用于答话。

上述两种主谓易位句,不少语法书也已提到过,但是口语中能易位的句子并不限于这两种。

2.2　主语为受事的动词谓语句也可以易位。例如:

(1)找着了吗,你的书?(=你的书找着了吗?)

(2)看完没有,那小说?(=那小说看完没有?)

以上都是疑问句。

不少语法论著都谈到,现代汉语里"V了N"(V代表动词,N代表名词)这个格式不能独立成句,甚至由它充任谓语的主谓结构也不能独立成句,除非在它后面再跟上另一个动词性成分。例如:

A组	B组
(3)(我)买了菜去姑姑家了。	*(我)买了菜。
(4)(我)看了电影就回家了。	*(我)看了电影。
(5)(他)写了信没有发。	*(他)写了信。

A组句子都能说,B组句子都站不住。要使B组句子站得住,或是将"了"删去,变成"VN";或是在末尾再加个"了",说成"V了N了";或是在名词N前加数量词m,变成"V了mN"。例如:

VN	V 了 N 了	V 了 mN
(我)买菜。	(我)买了菜了。	(我)买了一些菜。
(我)看电影。	(我)看了电影了。	(我)看了一场电影。
(他)写信。	(他)写了信了。	(他)写了三封信。

不过这一来,已不是原先的"V 了 N"格式了。可是,在口语里我们似乎能看到"V 了 N"这种格式独立成句。例如:

(6)"菜买了吗?""买了菜。"

(7)"信写了没有?""写了信。"

然而这只是表面看问题。如果我们注意一下它们的语音形式,就会发现例(3)—(5)中的"V 了 N"跟例(6)、(7)中的"V 了 N"不一样,前者重音在 N 上,后者重音在 V 上。试比较:

"菜买了吗?""'买了菜。"(例(6))|买了'菜去姑姑家了。(例(3))

这种重音的不同,反映了结构关系的不同。例(3)、(4)、(5)中的"V 了 N"是述宾结构,例(6)、(7)中的"V 了 N"实际上是主语为受事的动词谓语句的易位句,"V 了"是前置的谓语,N 是后移的主语。它们都具有§1.3 中指出的易位句所普遍具备的四个特点。它们是陈述句,只用于答话,按§1.2 里所讲的书写习惯均应写为:

买了,菜。|写了,信。

事实上,当我们来回答像例(6)、(7)中的提问时,都可以有两种回答方式而意思一样，语句重音也一样。请看：

提问	答话	
	普通句	易位句
菜买了吗？	菜'买了。	'买了，菜。
信写了没有？	信'写了。	'写了，信。
电影看了没有？	电影'看了。	'看了，电影。[3]

语句重音都在动词 V 上。

2.3　主谓谓语句在口语里也经常发生易位现象。例如：

(1)身体好吗，你？(=你身体好吗？)

(2)我不想买了，那茄子。(=那茄子我不想买了。)

(3)什么都懂一点儿，他。(=他什么都懂一点儿。)

(4)“橘子你吃了吗？”“一个也没有吃，我。”(=我一个也没有吃。)

注意，有些主谓谓语易位句跟一般的动词谓语句，即一般所谓的“主—动—宾”句子是同形异构。例如：

(5)“这电影你看过吗？”“我看过，这电影。”(=这电影我看过。)

(6)“你看过这电影吗？”“我看过这电影。”

例(5)和例(6)如果单纯从词语的排列次序看，它们是一样的，然而它们内部的层次构造和结构关系都不同。请看：

2.4 名词谓语句在口语里也可以发生易位现象。例如:

(1)上海人,你?(=你上海人?)

(2)五十岁啦,王老师!(=王老师五十岁啦!)

(3)还大学生呢,他!(=他还大学生呢!)

(4)“明天天气怎么样?”“晴天,明天”。(=明天晴天。)

2.5 这里我们要特别谈一下跟“的”字结构有关的三小类主谓易位句,它们分别是:

S_a:是+M,D_j 的

S_b:是+D_j 的,M

S_c:D_j 的,M

在上面的写法里,M 表示名词性成分:“D_j 的”代表“的”字结构,其中的 D_j 表示动词性成分或由动词作谓语的主谓结构。[4]下面是 S_a(是+M,D_j 的)的例子:

(1)“他画的是什么?”“是这一带的地形图,他画的。”(=他画的是这一带的地形图。)

(2)是王大夫吗,刚进门的?(=刚进门的是王大夫吗?)

S_a 的后移主语是“D_j 的”,前置谓语是“是+M”。下面是 S_b(是+D_j 的,M)的例子:

(3)“蒸汽机是谁发明的?”“是瓦特发明的,蒸汽机。”(=蒸汽机是瓦特发明的。)

(4)是小王打来的吗,电话?(=电话是小王打来的吗?)

S_b 的后移主语是 M,前置谓语是"是+D_j 的"。S_c(D_j 的,M)其实是 S_b 的紧缩形式,即 S_b 省略了"是"的形式。因此将例(3)、(4)中的"是"省去,就是 S_c 的例子。请看:

(5)"蒸汽机谁发明的?""瓦特发明的,蒸汽机。"(=蒸汽机瓦特发明的。)

(6)小王打来的吗,电话?(=电话小王打来的吗?)

我们所以要特别提到这三小类跟"的"字结构有关的主谓易位句,是因为它们跟语法学界一个有争议的问题有关(详见§7.3)。

§3. 状语和中心语之间的易位现象

3.1 修饰语分定语和状语两类。定语和中心语之间不发生易位现象。"我买了顶帽子,呢子的。"这是个复句,不是定语和中心语易位的句子。状语和中心语之间能发生易位现象:八点了,快。(=快八点了。)

3.2 状语和中心语易位有时要涉及第三者主语,因此会有三种易位情形:

A. 无主句:状语+中心语 ⟹ 中心语,状语 例如:

(1)下班了,已经?(=已经下班了?)

(2)买了没有,给我?(=给我买了没有?)

B. 主谓句:主语+[状语+中心语] ⟹ 主语+[中心语],[状语][5]

例如：

(3)他们走了，都。(=他们都走了。)

(4)我鞠了个躬，给他。(=我给他鞠了个躬。)

C. 主谓句：主语+[状语+中心语]⟹[中心语]，主语+[状语]

例如：

(5)到家了吧，他大概。(=他大概到家了吧。)

(6)滚吧，你给我！(=你给我滚吧！)

对于情形A，我们可以不必追究它到底是中心语前移，还是状语后置；对于情形B似乎看作状语后移为宜；对于情形C似乎看作中心语前置为宜。

3.3　不是所有的状语和中心语都能发生易位现象。能易位的只限于某些副词和某些介词结构充任的状语。

3.4　单音节副词中，只有下列七个副词作状语时能跟中心语发生易位现象。

1.“都”　例如：

(1)快起床吧，八点了，都！(=快起床吧，都八点了！)

这里的“都”表示“已经”的意思。

2.“还”　例如：

(2)你明天看吗，还？(=你明天还看吗？)

(3)少先队员呢,还!(=还少先队员呢!)

例(2)的“还”表示重复,这种易位句只见于问话;例(3)的“还”表示语气(含有指责的语气),这种易位句总是感叹句。

3.“就” 例如:

(4)怎么?你走了,就?(=你就走了?)

4.“快” 例如:

(5)电影开演了,快。(=电影快开演了。)

这里的“快”表示“将要”的意思,这种易位句都是陈述句。

5.“又” 例如:

(6)你游泳了,又?(=你又游泳了?)

这种易位句以问话(包括反问句)居多。

6.“在” 例如:

(7)“老刘呢?”“下棋呢,在。”(=在下棋呢。)

7.“正” 例如:

(8)先别走,外边儿下雨呢,正。(=外边儿正下雨呢。)

注意,“他去不?”“你明天来不?”中的“不”不是后移状语。单从语

音上看,倒很像是后移状语("不"也轻读),但是这个"不"不能挪到动词前面,挪了以后意思就变了,请看:

他去不? ≠他不去?
你明天来不? ≠你明天不来?

其实,"他去不?""你明天来不?"都是选择问句的省略形式,即:

他去不? =他去不去?
你明天来不? =你明天来不来?

3.5 双音节副词中,作状语时能跟中心语发生易位现象的比单音节副词略多些,但也只有二十个左右。如"大概、到底、反正、恐怕、简直、已经、大约、多半、好歹、忽然、居然、索性、幸亏、幸好、也许、正在、逐渐"等。限于篇幅,只举六个。

1."大概" 例如:

(1)现在银行开门了吧,大概。(=现在银行大概开门了吧。)

(2)"他买了多少苹果?""十五六斤,大概。"(=大概十五六斤。)

2."到底" 例如:

(3)你今天去不去,到底?(=你今天到底去不去?)

(4)他愿意不愿意去啊,到底?(=他到底愿意不愿意去啊?)

这种易位句多见于选择问句。

3.“反正”　例如：

（5）管他怎么说，我不去，反正！（=……反正我不去！）

（6）这药吃了没有坏处，反正。（=这药反正吃了没有坏处。）

4.“忽然”　例如：

（7）怎么起风了，忽然！（=怎么忽然起风了！）

（8）快要出发了，可他又改变主意了，忽然。（=……可他又忽然改变主意了。）

5.“简直”　例如：

（9）他什么都不会，简直！（=他简直什么都不会！）

（10）她气得要疯了，简直。（=她简直气得要疯了。）

6.“已经”　例如：

（11）他们回家了，已经。（=他们已经回家了。）

（12）你写了五页了，已经？（=你已经写了五页了？）

3.6　在介词结构中，常见的也只有下列少数几个介词所组成的介词结构作状语时跟中心语发生易位现象。

1.“对”　例如：

（1）你到底有什么意见啊，对这个计划？（=你到底对这个计划有什么意见啊?)

2.“给” 例如:

(2)你滚吧,给我!(=你给我滚吧!)

3.“替” 例如:

(3)你就看(kān)一会儿吧,替他!(=你就替他看一会儿吧!)

4.“跟” 例如:

(4)她正打电话呢,跟家里。(=她正跟家里打电话呢。)

5.“在” 例如:

(5)我见过他一回,在中秋节。(=我在中秋节见过他一回。)

6.“把” 例如:

(6)他骑走了,把车。(=他把车骑走了。)

7.“从” 例如:

(7)我妈妈回来了,从四川。(=我妈妈从四川回来了。)

8.“叫” 例如:

(8)钢笔弄坏了,叫弟弟。(=钢笔叫弟弟弄坏了。)

3.7　为什么只有上述一些副词和介词结构作状语时可以发生易位现象,原因尚不得知。

§4. 述语和宾语之间的易位现象

4.1　在口语里,述语和宾语也可以发生易位现象。

4.2　述语和宾语易位,有时也要涉及第三者主语,因此也有三种情形。

A. 无主句:述语+宾语 ⟹ 宾语,述语　例如:

(1)"你想喝点什么?""啤酒吧,喝点儿。"(=喝点儿啤酒吧。)

(2)不去了,准备?(=准备不去了?)

B. 主谓句:主语+[述语+宾语] ⟹ 主语+[宾语,述语]

例如:

(3)我自己去一趟,准备。(=我准备自己去一趟。)

(4)"你们打算再种点儿什么?""我们再种点儿芝麻,打算。"(=我们打算再种点儿芝麻。)

C. 主谓句:主语+[述语+宾语] ⟹ [宾语],主语+[述语]

例如:

(5)他回来了,我听说。(=我听说他回来了。)

(6)“你认识谁啊?”“你们的副主任,我认识。”(=我认识你们的副主任。)

(7)“你要借什么?”“小说,我要借一本。”(=我要借一本小说。)

跟状语和中心语易位的句子相类同,对于情形 A 可以不必追究它到底是述语后移还是宾语前置,对于情形 B 似看作述语后移为宜,对于情形 C 似看作宾语前置为宜。

4.3　对于上面所述的述宾易位句,有四点很值得注意。

第一,B 类的宾语只能是谓词性的;A、C 两类的宾语则不受此限制,既可以是体词性的(§4.2 例(1)和例(6)),也可以是谓词性的(§4.2 例(2)和例(5))。

第二,A、C 两类的宾语都可以是体词性的,但二者还稍有不同。在 A 类中,体词性宾语要求由“数·量·名”结构充任,C 类中的体词性宾语不受这个限制,§4.2 例(7)是“数·量·名”结构,例(6)就不是。再如:

(1)“你要买什么?”“香肠,我要买。”(=我要买香肠。)

(2)“他想看什么?”“电影,他想看。”(=他想看电影。)

如果把例(1)、(2)答话中的主语“我”“他”省去不说,句子就站不住。

当宾语为“数·量·名”结构,易位时可以将整个“数·量·名”结构一起前置,也可以只将名词前置,数量词仍留在述语后(§4.2 例(1)、(7))。[⑥]

第三,宾语为体词性成分的述宾易位句都只能作为答话出现,也就是说只在直接回答问话时才能用这种述宾易位句。试比较:

a.“他刚才吃什么啦?”“他刚才吃了两个苹果。”

b. 她告诉我说:"他刚才吃了两个苹果。"

c. 你知道吗,他刚才吃了两个苹果。

a、b、c 三句中,都有"他刚才吃了两个苹果"这一句。在 a 中是作为答话出现的,所以可以改用易位句:

(3)"他刚才吃什么啦?""两个苹果,他刚才吃了。"

在 b、c 中都不是作为答话出现的,都不能改用易位句,不能说成:

*她告诉我说:"两个苹果,他刚才吃了。"

*你知道吗,两个苹果,他刚才吃了。[7]

第四,宾语为谓词性成分的述宾易位句,C 类用得较多,A 类和 B 类用得较少。那是因为能充任 A、B 类易位句中述语的动词较少,只限于"想、打算、准备、考虑"等少数几个动词,而能充任 C 类易位句中述语的动词要宽得多。能用在 A、B 类易位句中的动词也能用在 C 类易位句中。[8]例如:

(4)不回家了,我准备。(=我准备不回家了。)

(5)"下一步怎么办?""再试验一次,我想。"(=我想再试验一次。)

(6)先回重庆,爸爸打算。(=爸爸打算先回重庆。)

可是能用在 C 类易位句中的动词多数不能用在 A、B 类易位句中。§4.2 例(5)的动词"听说"就不能用在 A、B 类易位句中。下面属 C 类易位句中的动词也都不能用在A、B类易位句中：

(7)今天比较冷，我觉得。(=我觉得今天比较冷。)

(8)寒假去广州，我提议。(=我提议寒假去广州。)

4.4 A类和C类中有些述宾易位句跟受事主语句是同形异构。例如：

受事主语句	A、C类述宾易位句
a."块儿糖你买了多少?""块儿糖就买了两斤。"	a′."你又买了些什么?""块儿糖，就买了两斤。" (=就买了两斤块儿糖。)
b."我们的副主任你认识吗?""你们的副主任我认识。"	b′."你认识谁啊?""你们的副主任，我认识。" (=我认识你们的副主任。)

它们所包含的词语相同，词语排列的次序也相同，但是在层次构造、结构关系上都不同，并且语音形式也不同。a例受事主语句的语句重音在"就"上，而a′述宾易位句的语句重音在"糖"上；b例受事主语句的语句重音在"认识"上，而b′述宾易位句的语句重音在"副主任"上。

4.5 带双宾语的动词谓语句，述语和宾语也能发生易位现象。由此形成的述宾易位句，常见的是C类句式；A类句式偶见，不可能是B类句式。例如：

(1)"他送你什么啦?""一支英雄金笔，他送我。"(=他送我一支英雄金笔。)

(2)"你给了他些什么?""两件衣服,我给了他。"(=我给了他两件衣服。)

以上都是C类句式,可看作宾语前置的述宾易位句。拿例(1)说,如果答话为"一支英雄金笔,送我。"(A类句式),这也可以,但不常说。绝对不能回答说:"*他一支英雄金笔,送我。"(B类句式)

带双宾语的动词谓语句发生述宾易位时,总是直接宾语前置。间接宾语不能前置,下边的易位句都站不住:

a."他送你什么啦?""*我一支英雄金笔,他送。"

b."他送谁一支英雄金笔?""*我,他送一支英雄金笔。"

带双宾语的述宾易位句,前置的直接宾语一般由"数·量·名"结构充任,易位时一般要求整个儿"数·量·名"结构都前置。像"英雄金笔,他送我一支。""衣服,我给了他两件。"这种说法不敢说绝对不行,但据调查一般不这么说。

上述易位句只用在直接回答问话的答话中。

§5. 复谓结构组成成分之间的易位现象

5.1 复谓结构包括连谓结构(又称"连动结构")和递系结构(又称"兼语式")。不是所有的复谓结构都能发生易位现象。下面分别说明。

5.2 连谓结构种类很多,能发生易位现象的,只有下面四小类。

A. 前后两个都是动词性成分(V_1V_2),前者是说明后者行为动作的方式或情态的。易位格式是:

$V_1V_2 \Longrightarrow V_2, V_1$ 例如:

(1)她带了孩子去公园了。(⟹她去公园了,带了孩子。)

(2)李明骑着车进城了。(⟹李明进城了,骑着车。)

(3)昨天我跟着李老师去天文馆了。(⟹昨天我去天文馆了,跟着李老师。)

如果 V_2 是个单词,便不能发生易位现象。例如:

他骑着车去。⟹*他去,骑着车。

他带了救生圈游。⟹*他游,带了救生圈。

末一句如果是"他带着救生圈游了三公里",便能发生易位现象,可以说成:

(4)他游了三公里,带着救生圈。

B. 前后两个都是动词性成分(V_1V_2),后者是说明前者行为动作的目的的。易位格式也是:

$V_1V_2 \Longrightarrow V_2, V_1$　例如:

(5)这衣服留着过年再穿吧。⟹这衣服过年再穿吧,留着。

(6)他拿了书包准备去图书馆。⟹他准备去图书馆,拿了书包。

C. 前后两个都是动词性成分(V_1V_2),表示先后进行两件事情。易位格式是:

$V_1V_2 \Longrightarrow V_2, V_1$　例如:

(7)我们下了课打篮球。⟹我们打篮球,下了课。

(8)你散了会找我一下。⟹你找我一下，散了会。

如果 V_2 是单词，也不能发生易位现象。

D. 前一个是动词性成分 V_1（一般是“V 起来”或“V 着”），后一个是形容词性成分 A，V_1 和 A 之间包含有假设关系。易位格式是：

$V_1A \Longrightarrow A, V_1$　例如：

(9)这把锄头用起来很得劲。⟹这把锄头很得劲，用起来。

(10)那野菊花闻着挺香的。⟹那野菊花挺香的，闻着。

同样，如果 A 为单词，也不能发生易位现象。

5.3　递系结构也可以发生易位现象。为便于说明，我们将递系结构记为“VNV′”（V′表示递系结构中后一个动词性成分）。递系结构易位有两种情况：

A. 无主句：VNV′⟹V′，VN　例如：

(1)请他们等一下。⟹等一下，请他们。

(2)叫他快回去。⟹快回去，叫他。

B. 主谓句：N_s-VNV′⟹V′，N_s-VN（N_s 表示句子主语）　例如：

(3)你请他们都回去吧。⟹都回去吧，你请他们。

(4)他要你今天就送去。⟹今天就送去，他要你。

这两种易位句中，A 式更常见。

关于递系结构易位句还有两点需要说明：

第一,能易位的只限于表示使令意义的递系结构。下面的句子也都是递系结构,但是它们都没有相应的易位句式。请看:

怪他多管闲事儿。→ *多管闲事儿,怪他。

是老耿叔叔救了我。→ *救了我,是老耿叔叔。

第二,当 V′为单个儿动词时,即使是表示使令意义的递系结构也不能易位。例如:

(我)请你去。→ *去,(我)请你。

命令他们撤! → *撤,命令他们。

5.4 有些递系套着连谓的复谓结构(我们把它记为“$VNV_1'V_2'$”),也可以发生易位现象。这有三种易位格式:

A. $(N_s)VNV_1'V_2' \Longrightarrow V_1'V_2',(N_s)VN$[⑨] 例如:

(1)(妈)叫你放了学马上回家。⟹放了学马上回家,(妈)叫你。

(2)(我)请你帮我打个行李。⟹帮我打个行李,(我)请你。

B. $(N_s)VNV_1'V_2' \Longrightarrow (N_s)VNV_2',V_1'$ 例如:

(3)(妈)叫你下了班去姑姑家。⟹(妈)叫你去姑姑家,下了班。

(4)(你)通知大家散了会先别回家。⟹(你)通知大家先别回家,散了会。

C. $(N_s)VNV_1'V_2' \Longrightarrow V_2',(N_s)VNV_1'$ 例如:

(5)“(妈)叫我下了班去哪儿?”“(妈)叫你下了班去姑姑家。”⟹去姑姑家,(妈)叫你下了班。

(6)“(小张)请你帮他干吗?”“(小张)请我帮他修修收音机。”⟹修修收音机,(小张)请我帮他。

A式和B式常见,C式不常见。原因大概有二:一是C式只能用在答话中,A式和B式不受这限制;二是C式后移成分太长了。

5.5　有些连谓套着递系的复谓结构(我们把它记为“V_1V_2NV'”),也可以发生易位现象,但只有一种易位格式,即:

$N_sV_1V_2NV' \Longrightarrow V_2NV', N_sV_1$　例如:

(1)你下午上了班通知各室主任来这儿。⟹通知各室主任来这儿,你下午上了班。

(2)我买到了螃蟹一定请你吃蟹肉包子。⟹一定请你吃蟹肉包子,我买到了螃蟹。

(3)你去叫小李买张船票。⟹叫小李买张船票,你去。

例(1)似乎也可以有另一种易位句式:“你通知各室主任来这儿,下午上了班。”(N_sV_2NV', V_1)。其实,这个易位句不是“$N_sV_1V_2NV'$”的易位句,而是“$N_sVNV_1'V_2'$”(“你通知各室主任下午上了班来这儿。”)的B式易位句(N_sVNV_2', V_1')。“你通知各室主任来这儿,下午上了班。”这个易位句跟例(1)意思不同,便是证明。

§6. 易位句中的语音停顿问题

6.1　易位句中,易位的两部分之间有没有语音停顿?[10]这个问题上文一直没有提到过,因为这是一个需要加以争辩的问题。

本文所谈的易位句,一般语法论著很少谈及,即便有的书谈到,多半只限于本文§2.1里所说的主谓易位句(一般称为主谓倒装)。但凡谈及的,普遍认为倒装后的谓语和主语之间有停顿,书面上用逗号表示。[11]只有徐仲华先生在谈到这个问题时,比较留有余地。他说:"主语在后谓语在前的句子,谓语和主语间,一般有停顿,书面上用逗号表示。"[12](着重号是引者加的)徐仲华先生的话虽留有余地,但基本认为中间是有停顿的。至于"一般"之外,哪些可以没有停顿,书中没有说。

实际情况到底怎样呢?

6.2 这一次我们专门就这个问题,先后向二十五位不同文化程度的北京人作了实地调查,结果是没有一个人当他自然地说出易位句时中间带有停顿的。被调查者普遍认为,易位句中间没有语音停顿,相反由于后移部分整个儿都轻读并且说得比较快,所以跟前置部分的最后一个音节衔接得很紧。有两位同志的发言发人深省。一位同志说:"念起来中间可能有停顿,因为书上用了逗号;真说起来,中间没停顿。"另一位同志说:"像'怎么了,你?''找着没有,你的书?''八点了,都!'这些话,中间停顿倒没有,但是倒装的两部分之间在语音上也确实有一种界限,这种界限如同高山与平地相接一样。"[13]这两位同志的话讲得比较形象,也切合实际。实际是易位句的前置部分和后移部分之间并没有必然的语音停顿。前置部分和后移部分有音强音弱的差别,正是这种差别,加之后移部分比一般要说得快些,这就构成了易位的前后两部分之间语音上的明显界限。

6.3 既然实际上易位的两部分之间没有语音停顿,那么书面上用不用逗号呢?按理说当然可以不用,不过用上个逗号也有好处,一方面可以用以表明这是个易位句,从而起到帮助分化同形异构的歧义句的作用,另一方面也照顾到了习惯写法。然而必须指出,易位句中的那个逗号不表示语音停顿,只是表示那是个易位句。[14]

§7. 关于"倒装句"

7.1 在许多语法论著中都谈到倒装句问题。在各家所举的例句中,有一小部分跟我们所说的易位句一样,[15]多数不一样。

7.2 经过 1955—1956 年那次主语和宾语问题的讨论,现在很少有人把"钱花完了""学生们功课做完了""这样的事情谁肯干"这些句子中的"钱""功课""这样的事情"看作前置宾语,把"台上坐着主席团""前面来了一个人"这些句子中的"主席团""一个人"看作后移主语,把这些句子看作倒装句。但是,至今仍有不少人把下面的句子看作是宾语提前的倒装句:

a. 什么都会。

b. 他哪儿都不去。

c. 他平时一文钱也不乱花。

d. 我上海也到过,天津也到过。

而且有的书上还特别说明,这些句子"只改变了宾语位置,没有改变动词和宾语之间的结构关系"。

这种所谓倒装句跟本文所谈的易位句毫无共同之处。其实,把这些句子看作宾语前置的倒装句并不是根据"结构关系",而是受传统的"根据意义分析句子""纯凭施受关系作标准"来确定主语、宾语的观点的影响所致。限于篇幅,我们不准备在这里详细讨论这个问题,只想指出:在语法研究中,应注意到这样一个事实,即句子成分之间总是同时存在着两种不同性质的关系——语法结构关系和语义结构关系。我们所说的语法结构关系就是指主谓、述宾、述补、偏正、联合等结构关系；我们所说的语义结构关系是指诸如动作和动作者、动作和受动者、动作和工具、动作和处所、事物和性质、事物和质料以及事物之间的领属关系等。相同的语法结构关系可以表示不同的语义结构关系，不同的语法结构关系可以表示相同的语义结构关系。“我吃完了”“饼干吃完了”从语法结构关系看，它们都是主谓关系，但是它们各自成分之间的语义结构关系不同，前者是动作者和动作的关系，后者是受动者和动作的关系；“客人来了”“来客人了”从语义结构关系看二者相同，都是动作者和动作的关系，但语法结构关系不同，前者是主谓关系，后者是述宾关系。事实告诉我们，这两种同时并存而性质不同的关系总是同时影响着句子意思的表达。“客人来了”跟“来客人了”意思上的差别，就是由语法结构关系的不同造成的。反之，“菜不吃了”没有歧义，“鸡不吃了”有歧义，既可理解为“鸡不吃食了”，也可理解为“不再吃鸡了”，就是因为虽然它们都是主谓关系，但是“菜不吃了”只包含着一种语义结构关系（受动者和动作的关系），而有歧义的“鸡不吃了”包含着两种可能的语义结构关系（动作者和动作的关系或受动者和动作的关系）。这足见语义结构关系对句子意思的影响。

如果我们大家能在这一点上取得一致看法的话，那么上面所举的例 a—d，有没有必要看成宾语前置的倒装句，这问题就好解决了。在我们看来，像下面四个句子显然是同一种句式：

a′. 什么都会。（受动者和动作的关系）
b′. 谁都会。（动作者和动作的关系）
c′. 什么都好。（事物和性质的关系）

d′. 谁都不认识。(可能是动作者和动作的关系,也可能是受动者和动作的关系)

它们都是包含主谓关系表示主语周遍性的一种句式,所不同的只是主谓之间所同时并存的语义结构关系不同。当然,如果有人坚持认为 a′是述宾倒装的句式,b′、c′是主谓句式,d′既是主谓句式,又是述宾倒装的句式,我们也不能说这种看法是错误的。但是这两种解释哪一种更合理更好些,大家可以权衡。

7.3 在现代汉语中,“是我先咳嗽的”“是瓦特发明的蒸汽机”“他开的灯”这些句子,结构上该怎么分析,大家有争议。最近朱德熙先生在《“的”字结构和判断句》一文中,讨论到了这三种句子。[16]它们在朱文中被分别记为:

S_3:是+M+D_j 的(是我先咳嗽的)

S_4:是+D_j 的+M(是瓦特发明的蒸汽机)

S'_4:(　　)+D_j 的+M(谁开的灯)

朱德熙先生通过跟其他相关的判断句式的比较分析,对这三类句子的构造提出了一种新的看法,认为都“应看成主语后置的主谓句”——“S_3 应看成是主语‘D_j 的’后置的主谓句”,同样 S_4 和 S'_4“也应看成是主语‘M’后置的主谓句”。

朱文的 S_3、S_4 和 S'_4 跟本文§2.5 中所谈的 S_a、S_b 和 S_c 三种跟“的”字结构有关系的主谓易位句恰好形式相同,而且在解释上也相同(都看作主语后置的句子)。

朱德熙先生的看法如何,本文不作评论。这里我们只是想指出,朱先生所说的“主语后置的主谓句”跟本文所说的主谓易位句不是一码事。单从形式上看，朱文的 S_3、S_4 和 S'_4 跟本文的 S_a、S_b 和 S_c 是相同的，实际上并不相同。

第一，从语音形式上看，朱文的 S_3、S_4 和 S'_4 中的所谓后置主语（如“先咳嗽的”“蒸汽机”和“灯”）不一定轻读，甚至后置主语上可以有逻辑重音。而 S_a、S_b、S_c 三类主谓易位句的后移主语一定轻读。

第二，朱文的 S_3、S_4 和 S'_4 中如出现语气词，一定处于全句句末，即处于所谓后置主语的末尾。例如：

朱文原用例	加进语气词
S_3：a. 是我先咳嗽的 | b. 是王大夫把他治好的	是我先咳嗽的吗？|是王大夫把他治好的呀！
S_4：a. 是瓦特发明的蒸汽机 | b. 是小王打来的电话	是瓦特发明的蒸汽机吧！|是小王打来的电话吗？
S'_4：a. 谁开的灯 | b. 我写的诗	谁开的灯呢？|我写的诗嘛。

这跟本文所谈的易位句的特点 4（见 § 1.3）完全不合。S_a、S_b 和 S_c 三类主谓易位句中如出现语气词，都毫无例外地处于前置谓语之后（见 § 2.5 例(2)、(4)、(6)）。

第三，更值得注意的是，朱文的 S_3、S_4 和 S'_4 中的 M 和 D_j 都要受到一定的限制（这一点朱文没有谈到）：(1) S_3 中的 M 对后面的 D_j 来说只能是施事，绝不能是受事；[17] D_j 只能是动词性结构，不能是主谓结构。(2) S_4 和 S'_4 中的 M 对前面的 D_j 来说则只能是受事，绝不能是施事；D_j 则只能是主谓结构，不能是动词性结构。可是形式上跟 S_3、S_4 和 S'_4 相同的 S_a、S_b 和 S_c 三类主谓易位句，其中的 M 和 D_j 都不受上面所说的那种限制。无论哪一类，M 对 D_j 来说既可以是施事，也可以是受事；而 D_j 既可以是动词性结构，也可以是主谓结构。

现列表比较如下：

句式	M		Dj		例句
	施事	受事	主谓结构	动词性结构	
S_3：是+M+Dj 的	+	−	−	+	是我先咳嗽的。│是王大夫把他治好的。
S_a：是+M+Dj 的	+	+	+	+	是王大夫吗，刚进门的？（=刚进门的是王大夫吗？） 是这一带的地形图，他画的。（=他画的是这一带的地形图。）
S_4：是+Dj 的+M	−	+	+	−	是瓦特发明的蒸汽机。│是小王打来的电话。
S_b：是+Dj 的+M	+	+	+	+	是小王打来的吗，电话？（=电话是小王打来的吗？） 是刚买的吗，这衣服？（=这衣服是刚买的吗？） 是昨天来的吧，他？（=他是昨天来的吧？）
S'_4：Dj 的+M	−	+	+	−	谁开的灯？│我写的诗。
S_c：Dj 的+M	+	+	+	+	小王打来的吗，这电话？（=这电话小王打来的吗？） 刚买的，这衣服。（=这衣服刚买的。） 会来的，他。（=他会来的。）

总之，朱德熙先生所说的“主语后置的主谓句”跟本文所谈的主谓易位句不是一回事儿。朱德熙先生对 S_3、S_4 和 S'_4 的处理意见是值得重视的。如果大家讨论结果同意朱德熙先生的意见，那末也得承认 S_3、S_4 和 S'_4 跟本文讨论到的 S_a、S_b 和 S_c 是类型不同的倒装句。

7.4　有的语法书谈到了状语和中心语的倒装问题，所举例子如下：

a. 他走过来，悄悄地，慢慢地。

b. 大家都来了，从东，从西，从南，从北。[18]

这种所谓状语倒装的句子跟本文§3中所谈状语和中心语易位的句子根本不一样：第一，从语音上看，这些所谓“倒装的状语”都不轻读，“前边都有停顿”；第二，“这些倒装的状语一般都是并列的结构”，而我们所说的后移状语都不是并列的结构；第三，这种所谓“倒装的状语”不见于口语，只见于书面，这跟我们所谈的状语和中心语易位的句子只见于口语的情况正相反。例a、b这一类句子实际上是仅见于书面（多见于文学作品中）的一种欧化句式。

7.5　诗歌里为了谐韵，为了构成排句，常常可以不受语法规则的约束而倒置句子成分，形成诗歌语言的一种独特风格。但也不是任意倒置的，也有它自己的规律，需另加探讨。

7.6　本文讨论的易位句，应该说是真正的倒装句，这是口语里所特有的倒装句。可是我们没有使用“倒装句”这个名称，这是为了有别于一般书上所说的倒装句才这样做的。

§8. 补遗

述补结构的述语和补语之间也能发生易位现象。这一点我先前没注意到，是孟琮先生指出来的，特作补充。例如：

(1) 我道儿都走不动了，累得。（=我累得道儿都走不动了。）

(2) 他都不知道自己姓什么了，美得。（=他都美得不知道自己姓什么了。）

(3) 老太太一天没吃饭，给气得。（=老太太给气得一天没吃饭。）

有时述语成分跟前面的主语成分一起后移。例如:

(4)肚子都疼了,大伙儿乐得。(=大伙儿乐得肚子都疼了。)

(5)鞋都掉了,他跑得。(=他跑得鞋都掉了。)

但是,能发生易位的只限于带“得”的述补结构。带结果补语或趋向补语的述补结构都不带“得”,所以不发生易位现象。例如:

我做完了。→ *我完了,做。

你得洗干净。→ *你得干净,洗。

你快走进去。→ *你快进去,走。

他走过来了。→ *他过来了,走。

“~得很”“~得不得了”这类带程度补语的述补结构,虽也带“得”,但已成为一个凝固格式,所以也不能发生易位现象。例如:

今天热得很。→ *今天很,热得。

他气得不得了。→ *他不得了,气得。

附　注

① 这两个例子都引自孙犁:《村歌》,人民文学出版社,1961年。

② 如果“小王”重读,“快上车吧”之后一定有较大的停顿:这样一来就不是易位句了,就成两个句子了,前面一个是祈使句,后面一个是称呼句,在书面上便写作:“快上车吧! 小王!”

③ 在本文征求意见过程中,对这类易位句有分歧意见。现附录于此,供参考。第一,有同志认为这种易位句罕见,因为一般回答说“买了”“写了”“看了”就行了。有同志认为并不罕见,也可能因人而异。第二,在认为这种易位句不罕见的同志中,有同志提出这种易位句要受到语音上的某种限制,具体说来,

如果受事主语为双音节词，而词的后一音节是轻声，适于易位，听着自然。如“绳子系好了吗？”“系好了，绳子”。“桌子擦干净了吗？”“擦干净了，桌子。”否则不宜易位，易位后听着不自然，如“看了，电影”。如果受事主语为单音节词，则阴平和去声词适于易位，听着自然。如例(6)、(7)，又如“诗写好了吗？”“写好了，诗。”阳平和上声词，就不宜易位，易位后听着不自然。例如“米买了吗？”“买了，米。”“糖吃完了吗？”“吃完了，糖。”可是另一些同志则认为不存在这种语音上的限制；上面这几个所谓不宜易位的句子，听着都不别扭。

④ 这里，没有像上文那样用 N、V 这样的符号来表示名词、动词等，而用了 M、D 这样一些符号。我们承认这样做是不太好的，但是由于本小节所讨论的内容将要涉及朱德熙先生的《“的”字结构和判断句》一文（载《中国语文》1978 年第 1、2 两期）中的有关意见，而朱文所用的符号是 M、D 等，为与朱文所用符号取得一致，以便于说明起见，我们就不得不这样做。

⑤ 严格说来这种句式应写为“主语+谓语（状语+中心语）”，为了便于说明，就写作“主语+［状语+中心语］”，这里［ ］表示其中的词语属谓语部分。下同。

⑥ 严格说，§4.2 例(1)、(7)前置的只是宾语中心语。

⑦ 这两个句子是站得住的，可是跟 b、c 的意思不同了。在 §4.4 中将要谈到这一点。

⑧ 从这里可以体会到，宾语为谓词性成分的 A 类易位句（无主句），既可看作是 B 类易位句的省略形式，也可看作是 C 类易位句的省略形式。例如 §4.2 中 A 类例(2)（不去了，准备？），可作这样的理解：

（省略主语）
不去了，准备？ ←— 你不去了，准备？（B类）
↑（省略主语）
不去了，你准备？（C类）

⑨ （Ns）表示主语成分可出现，可不出现。

⑩ 跟语法有关的语音停顿有三种：词顿、语顿和句顿。这里所说的语音停顿是指语顿。下同。

⑪ 有的明说，如胡裕树主编的《现代汉语》（1962 年版）说，这种主谓倒装句“说的时候，当中有个停顿，写下来用逗号表示”（288 页）。有的没有明说，如黎锦熙先生的《新著国语文法》和赵元任先生的《中国话的文法》（*A Grammar of Spoken Chinese*）都谈到了倒装句问题，但没有说明倒装的谓语和主语之间是否有停顿，可是他们所举的例句，一律在倒装的谓语和主语之间用了逗号。

⑫ 《主语和谓语》，9 页，人民教育出版社，1956 年。

⑬　前一位同志是小学语文教员，后一位同志是大学地质系的一位教员。

⑭　本文征求意见过程中，有同志建议易位成分之间用居中的小圆点“·”，既用它来表明易位，又用它来表示后移部分需轻读。这个意见也不是不能考虑的。

⑮　一般都是我们所说的主谓易位句。参见黎锦熙《新著国语文法》28 节；《暂拟汉语教学语法系统》44 节（见《语法和语法教学》）；胡裕树主编《现代汉语》（1962 年版）第四章第三节一小节；赵元任《中国话的文法》（*A Grammar of Spoken Chinese*）§2.3.2；徐仲华《主语和谓语》（新知识出版社，1958 年）第二节。

⑯　《中国语文》1978 年第 1、2 期。

⑰　朱德熙先生在文章中没有用施事、受事的说法，他根据论说的需要使用了主格、宾格的说法。事实上，朱文所说的主格就是指的施事，宾格就是指的受事。本文仍采用通常的施事、受事的说法。

⑱　例 a、b 引自胡裕树主编的《现代汉语》（1962 年版）用例，见该书 288 页。

（原载《中国语文》1980 年第 1 期）

关于定语易位的问题

§0. 潘晓东同志在《浅谈定语的易位现象》一文中，对我所说的“定语和中心语之间不发生易位现象”这一看法提出了异议，[①]在此请允许我略作答复，并对易位现象再作一点补充说明。

§1. 潘文一开头就说：

> 定语的位置比较固定，往往位于中心词前头，和它紧挨着。所以，陆俭明同志在《中国语文》1980年第1期的《汉语口语句法里的易位现象》一文中说：“定语和中心语之间不发生易位现象。”（“所以”下面的着重号是引者所加）

在潘晓东同志看来，我所以认为定语和中心语之间不发生易位现象，似乎是由于我鉴于“定语的位置比较固定，往往位于中心词前头，和它紧挨着”。这是误解。

我在《汉语口语句法里的易位现象》一文的引言里曾说：“凡易位句，都具备下列四个特点：(1)易位句的语句重音一定在前置部分上，后移部分一定轻读。(2)易位句的意义重心始终在前置成分上，换句话说，后移成分永远不能成为强调的对象。(3)易位句中被倒置的两个成分都可以复位，复位后句子意思不变。(4)句末语气词绝不在后移部分之后出现，一定紧跟在前置部分之后。”并强调指出：“上述四条是易位句普遍具备的特点，也是我们确定易位句的依据。”由此可知，我所以认为现代汉语中定语和中心语之间不发生易位现象，仅仅是由于在现代汉语里未发现有符合上述条件的定语易位的语言事实，而不是由于别的什么原因。

§2. 潘文认为下面两类句子，“可说定语发生了易位”：

一、(1) 广阔的平原底下，横的，竖的，直的，弯的，挖了不计其数的地道。

(2) 我走进会场一看，哈，墙上红的，绿的，蓝的，贴了那么多标语。

(3) 昨天他妈荤的、素的、香的、辣的烧了满满一大桌菜。

(4) 秋风一吹，院子里黄的，紫的，白的，开了好多好多菊花。

二、(1) 薛林二人也吃完了饭，又酽酽的喝了几碗茶。

(2) 花也不很多，圆圆的排成一个圈，不很精神，倒也整齐。

(3) 也给姑娘热热儿的倒一碗茶来。

(4) 我一看，黑压压的挤了半屋子人。

(5) 长长的打了一把宝剑。

然而这些句子都明显地不具备我们所指出的易位句所普遍具备的特点，因此它们跟我们所说的易位句毫无共同之处，不属于我们所说的易位现象。

其实，那些句子里下面打上了着重号的成分根本就不是定语成分。

潘文所举的第一类句子，显然跟下面我们举出的句子是同一种句式：

a. (昨天他妈) 荤的、素的、香的、辣的烧了满满一大桌菜。

b. (昨天我在小王家做客，他妈) 荤的、素的、香的、辣的烧了满满一桌子。

c. (昨天他妈烧了好多菜，) 荤的、素的、香的、辣的摆了满满一大桌。

d.（昨天他妈）鸡、鸭、鱼、肉烧了满满一大桌菜。

e.（昨天他妈）鸡、鸭、鱼、肉摆了满满一桌子。

a是潘文的原例(3)，它跟b—e各例显然是同一种句式。如果像潘文所说，a里的“荤的、素的、香的、辣的”是后面“菜”的“易位前行”定语，那么请问：b里的“荤的、素的、香的、辣的”该怎么处理？c里的“荤的、素的、香的、辣的”是否得看作是前面那个“菜”的“易位后移”定语？d、e里的“鸡、鸭、鱼、肉”又该怎么处理？显然，把a里的“荤的、素的、香的、辣的”处理为“菜”的“易位前行”定语是欠考虑的。

这里值得我们注意的，倒是“荤的、素的、香的、辣的”和“鸡、鸭、鱼、肉”这类结构本身。这类结构的各个组成成分都是体词性的，都表示事物；但是就这类结构本身来说，却是非体词性的，跟一般所说的名词性联合结构性质不同。[②]这类结构经常作状语，如上已举到的例子。再如：

(1)她一开口，就张家李家说个没完。

(2)屋子里桌子、椅子、书架、柜子摆得井井有条。

也可以作谓语，带状语，例如：

(3)桌上荤的、素的、甜的、辣的，什么好吃的都有。

(4)在旧社会，地主家成天鸡鸭鱼肉，穷人家一辈子难得吃上一次肉。

从意义上看，这类结构包含的各个项不一定实指，带有举例的性质；整个结构的意义并非各项意义的机械的总和，而总带有比况性。因此，我们曾称这类结构为“比况性联合结构”，[③]以区别于一般的联合结构。

至于潘文所举的第二类例子,都是一般所说的包含状语和中心语的偏正结构,其中的"酽酽的""圆圆的""热热儿的""黑压压的""长长的"都是状语,修饰后面整个述宾结构。

§3. 我在《汉语口语句法里的易位现象》§7. 关于"倒装句"一节中,曾指出这样一点:"在语法研究中,应注意到这样一个事实,即句子成分之间总是同时存在着两种不同性质的关系——语法结构关系和语义结构关系。"潘文就忽视了这一事实,把句子中同时并存的两种关系混为一谈了,把语义关系错当成语法结构关系来处理了。我们承认潘文所说的那些"易位前行定语",在语义上跟后面宾语位置上的名词有关系,但它们也只是有语义上的联系,并不存在直接的语法结构关系。从语法结构关系上说,它们并不是那名词的定语成分。同一种语法结构关系表示不同的语义结构关系,甚至能表示跟语法结构关系本身似乎相矛盾的语义结构关系,这种情况在语言里是普遍存在的。例如述补结构(即一般所说的动补结构),从语法结构关系说,补语是补足述语的。可是从语义结构关系上看,那补语成分有的是说明述语所表示的行为动作本身的,如"抓紧""走得慢慢的""来得很早";有的是说明那行为动作的施事的,如"他吃饱了""他走得很累";有的则是说明那行为动作的受事的,如"他一连写断了三支铅笔""把衣服洗得干干净净"。恐怕没有人会因为那补语成分在意念上是说明述语所表示的行为动作的施事或受事的,因而就把它处理为"后置"或"易位前行"定语。可见,包含状语和中心语的偏正结构中的状语成分在意义上是说明它所修饰的述宾结构里的宾语成分的,这一点也不奇怪,我们没有必要也没有理由硬要把那样的状语处理为"易位前行定语"。

§4. 我们所说的易位现象是句子平面上所特有的一种现象,换句话说,这种现象只有在句子平面上才会出现。这一点是朱德熙先生指出来的。指出这一点很重要。这一点告诉我们，从语法结构上看，凡是易位句本身不能再去充当一个更大的句法结构里的某个句法成分。例如："腿叫机器轧断了。"这是个句子，而形成这个句子的语法结构本身（"腿叫机器轧断了"）还可以在另一个句子里充当定语成分，例如："腿叫机器轧断了的工人叫黄萍。"可是，作为一个易位句，如："腿轧断了，叫机器。"形成这个易位句的语法结构绝不能在另一个句子里充当什么成分（"*腿轧断了，叫机器的工人。"）。然而潘文所举的例子都不符合易位句的这一特点。例如：

（1）广阔的平原底下横的、竖的、直的、弯的挖了不计其数的地道的平原省竟成了日寇最不安宁的地区。

（2）当院子里黄的、紫的、白的开了好多好多菊花的时候，也是她一年中最忙的时候。

（3）酽酽的喝了几碗茶的刘老头儿，又打开了话匣子，没完没了地说起来了。

（4）长长的打了一把宝剑的那位铁匠师傅，他现在到哪儿去了？

潘文所举的"定语发生了易位"的结构都在另一个句子里充任了定语成分。这就再一次说明潘文所列举的例句不是我们所说的易位句。

附　注

① 潘文见《中国语文》1981年第4期。

② "鸡、鸭、鱼、肉"这类结构在某些场合作为名词性联合结构出现，例如："那四碗荤菜是鸡、鸭、鱼、肉。"

③ 参看北京大学中国语言文学系汉语教研室编《现代汉语》179—180页，商务印书馆，1962。

（原载《中国语文》1982年第3期）

由“非疑问形式+呢”造成的疑问句

提要　本文讨论的是“丁四呢?”“我不要钱呢?”这一类由“非疑问形式+呢”造成的疑问句。历来把这种疑问句看作是特指问句的一种省略形式。本文分析说明这种疑问句事实上既可以跟特指问句对应,也可以跟选择问句对应;因此应该把它分析为“非是非问句”(包括特指问句和选择问句)的一种简略形式。

§0. 本文要讨论的是下边这种疑问句:

(1)丁四呢?(老舍《龙须沟》)

(2)你的皮大氅呢?(曹禺《日出》)

(3)我不要钱呢?(老舍《龙须沟》)

(4)万一把她气病了呢?(老舍《女店员》)

这种疑问句是由一个非疑问形式的语言成分(W)加上语气词“呢”造成的,我们把它记作:

W+呢?

W 可以是体词性成分,如例(1)、(2);也可以是谓词性成分,如例(3)、(4)。

§1. 在讨论这种疑问句的性质以前,我们需要先考察一下现代汉语疑问句的总的情形。

很多语法论著都把现代汉语的疑问句分为平列的三类,即:是非问句、特指问句和选择问句。[①]事实上,跟是非问句相比,特指问句和选择问句有以下两项重要的共同点：

第一，特指问句和选择问句都是由疑问形式的语言成分构成的，是非问句则是由非疑问形式的语言成分构成的。

第二，特指问句和选择问句末尾都能带语气词“呢”，不能带语气词“吗”；是非问句则正好相反，末尾只能带“吗”，不能带“呢”。

很明显，特指问句和选择问句一致的地方，正是它们跟是非问句对立的地方。上文曾把非疑问形式的语言成分记作 W，这里我们不妨把疑问形式的语言成分记作 Q。现代汉语疑问句就首先可以分为以下两大类：

I　W+(吗)? [格式里的括弧( )表示其中的成分出现与否不影响问句的性质，下同]　例如：

(5)你想学日语(吗)?

(6)他是电影演员(吗)?

II　Q+(呢)?　例如：

(7)你怎么样(呢)?

(8)你想学什么(呢)?

(9)你想学日语还是英语(呢)?

(10)你想不想学日语(呢)?

(11)他是不是电影演员(呢)?

(12)你问了没有(呢)?

构成 II 类疑问句的疑问形式有两种，一种是包含疑问代词，如例(7)、(8)；一种是由表示析取(disjunction)的并列结构“(是)A 还是 B”“V 不 V”和“V 了没有”[②]形成的，如例(9)—(12)。我们把前者记作

Q_a，把后者记作 Q_b，这样，II 类疑问句可再分为以下 II_a 和 II_b 两小类：

II_a　Q_a+(呢)？　　　　II_b　Q_b+(呢)？

上述 I 类疑问句就是一般所说的是非问句，II_a 就是特指问句，II_b 就是选择问句。可见，通常所说的三类疑问句实际上不在同一个平面上，它们之间的关系是：

I………………是非问句

II { II_a…………特指问句
　 { II_b…………选择问句

§2. 通常把本文讨论的“W+呢?”疑问句看作是特指问句，根据是它能跟意思相当的包含疑问词的特指问句相对应，[3]例如：

(13) 我的帽子呢？[～我的帽子在哪儿？]

(14) 他不肯呢？[～要是他不肯，该怎么办呢？]

事实上，“W+呢?”疑问句既可以跟特指问句对应，也可以跟选择问句对应，不过这种对应关系要受到上下文的制约，这可以概括为以下三种情形：

1. 只能跟特指问句对应，不能跟选择问句对应。例如：

(15) 小唐铁嘴　(闭着眼问)官方上疏通了没有？
　　小刘麻子　当然，沈处长作董事长，我当总经理！
　　小唐铁嘴　**我呢**？[～我当什么(呢)？]
　　小刘麻子　你要是能琢磨出个好名字来，请你作顾问！
　　(老舍《茶馆》)

(16) 鲁四凤　妈，我答应您，以后我永远不见周家的人。

鲁侍萍　天上在打雷。你要是以后忘了妈的话，见了周家的人呢？［～你要是以后忘了妈的话，见了周家的人，那该怎么办（呢）？］（曹禺《雷雨》）

2. 只能跟选择问句对应，不能跟特指问句对应。例如：

（17）“先生，我们要请一位大夫，您是大夫吗？”“我不是。”“那末那一位呢？”［～那末那一位是不是大夫（呢）？］（胡瑛《森林的乐园》）

（18）“明天你看不看电影？”“不想看。”“如果放映《少林寺》呢？”［～如果放映《少林寺》，你看不看（呢）？］

3. 既可以跟特指问句对应，也可以跟选择问句对应。例如：

（19）“放了假你是回家，还是留在学校？”
“我想回家，你呢？”［～a. 你怎么样（呢）？ b. 你是回家还是留在学校（呢）？ c. 你是不是也回家（呢）？］

（20）余志芳　……卫大嫂！卫大嫂！你考上没有？考上没有？
卫大嫂　（微笑）考上了！你们呢？［～a. 你们怎么样（呢）？ b. 你们考上没有（呢）？］（老舍《女店员》）

（21）“昨天你喝醉了没有？”“还好，不过有点子晕。你呢？”［～a. 你怎么样（呢）？ b. 你喝醉了没有（呢）？］（张天翼《华威先生》）

（22）周繁漪　你不怕父亲不满意？
周　冲　这是我自己的事情。
周繁漪　别人知道了说闲话呢？［～a. 别人知道了说闲话，那该怎么办（呢）？ b. 别人知道了说闲话，你怕不怕（呢）？］（曹禺《雷雨》）

总之,“W+呢?”疑问句既可以跟特指问句对应,也可以跟选择问句对应。因此,确切地说,“W+呢?”疑问句是跟II类疑问句“Q+(呢)?”这一大类相对应的,即:

W+呢? ~Q+(呢)?

§3. 我们说“W+呢?”疑问句是与II类疑问句对应的,不过能与“W+呢?”对应的II类疑问句,不论是II_a(特指问句)还是II_b(选择问句),结构上都受到以下限制:(1)Q必须是个句法结构;(2)Q里的前一个直接成分必须是非疑问形式,后一个直接成分必须是疑问形式;(3)Q里前后两个直接成分之间只能或是主语和谓语的关系,或是复句中的假设分句和结果分句的关系。上文例(13)—(22)所列出的与“W+呢?”对应的疑问句,不论是II_a(特指问句)还是II_b(选择问句),都符合上面的分析,其中例(13)、(15)、(17)、(19)、(20)、(21)里的Q都是个主谓结构,例(14)、(16)、(18)、(22)里的Q都是表示假设关系的复句形式。

如果我们把Q里的前一个直接成分记为A_w,后一个直接成分记为B_q,那末§2.中说到的对应关系:

W+呢? ~Q+(呢)?

应严格改写为:

W+呢? ~A_w+B_q+(呢)?

值得注意的是,W和A_w实际上是等同的,即:

W=A_w

上文所举各例无一例外,下边再举些例子:

(23)爷爷呢?[~爷爷到哪儿去了(呢)?]

(24)你呢?[~a. 你怎么样(呢)? b. 你去不去(呢)?]

(25)那末我们的数学老师呢?[~那末我们的数学老师是北大毕业的还是清华毕业的(呢)?]

（以上 Q，即“A_w+B_q”为主谓结构）

（26）他要不同意呢？［～他要不同意，我们怎么办（呢）？］

（27）到六点他要还不来呢？［～a. 到六点他要还不来，那我怎么办（呢）？ b. 到六点他要还不来，那我还等不等他（呢）？ c. 到六点他要还不来，那我是继续等他还是先走（呢）？］

（以上 Q，即“A_w+B_q”为表示假设关系的复句形式）

因此，上面的对应式可以改写为：

A_w+呢？～A_w+B_q+（呢）？

上述对应式实际表明以下三种疑问句式是同一种疑问句的不同表达形式：

a. A_w+B_q+呢？（小王$\left\{\begin{matrix}\text{去哪儿}\\ \text{去上海还是广州}\end{matrix}\right\}$呢？

他要不同意，我$\left\{\begin{matrix}\text{怎么办}\\ \text{去不去}\end{matrix}\right\}$呢？）

b. A_w+B_q？（小王$\left\{\begin{matrix}\text{去哪儿？}\\ \text{去上海还是广州？}\end{matrix}\right\}$

他要不同意，我$\left\{\begin{matrix}\text{怎么办？}\\ \text{去不去？}\end{matrix}\right\}$）

c. A_w+呢？（小王呢？／他要不同意呢？）

我们完全可以把它们统一表示为：

A_w+（B_q)(呢）？

套着的括弧表示其中的两个成分可以一起出现，也可以只出现一个，但不能全不出现。

可见,“非疑问形式+呢?”(“W+呢?”)疑问句其实是 II 类疑问句的一种简略句式。上文所举实例都符合我们对“W+呢?”的分析。

§4. 上文指出,A_w 和 B_q 之间只能是主语和谓语的关系,或是复句中的假设分句和结果分句的关系。那末在什么情况下是前一种关系,什么情况下是后一种关系呢? 这跟 A_w 的词性有关。如果 A_w 是体词性成分,A_w 和 B_q 之间一定是主谓关系;如果 A_w 是谓词性成分,A_w 和 B_q 之间一般是复句中的假设分句和结果分句的关系(例均见上),有时也可以是主谓关系,例如:

(28)改种棉花呢?[～改种棉花行不行(呢)?]
(29)我不去呢?[～我不去可以不可以(呢)?]
(30)衣领上再绣朵花呢?[～衣领上再绣朵花好不好(呢)?]

不管是哪种情形,当 A_w 为谓词性成分时,句子总含有假设意思。

§5. 在§0. 中曾指出,“W+呢?”里的 W 可以是体词性成分,可以是谓词性成分。这里需补充说明的是,当 W 为体词性成分时,“W+呢?”可用作始发问句,询问人或物之所在。例如:

(31)(鲁贵由中门上。)
鲁　贵　四凤呢?
鲁侍萍　这儿的太太叫了去啦。(曹禺《雷雨》)

(32)“阿呀,米呢? 祥林嫂不是去淘米的么? ……”(鲁迅《祝福》)

不作始发问句时就不限于询问处所，如例（15）、（17）、（19）、（20）、（21）等在原文中都不是始发问句，它们都不是用来询问处所的。

当W为谓词性成分时，"W+呢?"都不能用作始发问句，例（3）、（4）、（16）、（18）、（22）等在原文中都不是始发问句。

附　　注

①　也有将现代汉语里的疑问句平列地分为是非问句、特指问句、选择问句、反复问句四类的，如《现代汉语语法讲话》（丁声树等著，商务印书馆，1961年，北京）。这与三分法的异同如下：

三分法	四分法
是非问句	是非问句
特指问句	特指问句
选择问句	选择问句
	反复问句

②　"（是）A还是B""V不V"和"V了没有"都只是一种概括的写法，其实每一种都分别有种种不同的表达格式。

③　参看胡裕树主编《现代汉语》（修订本）412页（上海教育出版社，1981年，上海），北京大学中国语言文学系汉语教研室编《现代汉语》209页（商务印书馆，1962年，北京），吕叔湘主编《现代汉语八百词》365页（商务印书馆，1981年，北京）。

（原载《中国语文》1982年第6期）

由指人的名词自相组合造成的偏正结构

提要 本文从讨论“父亲的父亲的父亲”这一偏正结构的内部层次构造是A“父亲的父亲的/父亲”，还是B“父亲的/父亲的父亲”谈起，全面考察了现代汉语里由指人的名词自相组合造成的偏正结构的全部情况，总结得出了由指人的名词自相组合造成偏正结构的六条规则，并由此确认“父亲的父亲的父亲”的内部层次构造只能是A，不能是B。

§1. 问题的提出

“父亲的父亲的父亲”这一偏正结构，该分析为A，还是该分析为B？

A.〔(父亲的父亲)的〕〔父亲〕

B.〔父亲的〕〔父亲的父亲〕

似乎A、B两种分析都是可行的，因为“父亲的父亲”在意思上跟“祖父”相等，如果我们直接用“祖父”替代上述偏正结构里的“父亲的父亲”，按A则是：

〔(父亲的父亲)的〕〔父亲〕⟹〔祖父的〕〔父亲〕

按B则是：

〔父亲的〕〔父亲的父亲〕⟹〔父亲的〕〔祖父〕

“祖父的父亲”和“父亲的祖父”等值,都指曾祖父。

然而,如果我们全面考察一下跟“父亲的父亲的父亲”相同类的偏正结构的全部情况,便会明了A和B两种分析并不都是合理的。

在“父亲的父亲的父亲”里,除了“的”之外,都是名词,而且都是指人的名词。因此,我们实际需要考察的是由指人的名词自相组合所造成的偏正结构的全部情况。

§2. 指人的名词的类别

本文所说的指人的名词包括以下四类六组:

I. 姓名,下分两组:

A. 带姓的姓名、称呼,例如:

王 刚　李晓平　周永泉　张伯英
王书记　李厂长　周教授　张军长
王同志　李师傅　周老师　张伯伯
老 王　小 李　周 老　张 老

B. 名字,包括小名,例如:

志刚　振华　菊英　祖棠　铁柱
毛毛　玲玲　小宝　小三　嘎子

II. 能用来转指人的职务名称,也下分两组:

C. 论职位的职务名称,例如:

主席　主任　书记　教授　司令员
部长　校长　行长　厂长　军 长

D. 不论职位的职务名称,例如:

打字员　勤务员　驾驶员　司 机　教 员
通讯员　卫生员　秘 书　保 姆　炊事员

III. 表示亲属、师友等关系的称谓,例如:

E. 爸爸	妈妈	父亲	母亲	岳父
岳母	哥哥	姐姐	弟弟	妹妹
爱人	妻子	女婿	儿子	女儿
姑父	舅父	姑姑	大姨	表姐
表弟	舅妈	外孙	祖父	孙女儿
老师	学生	师傅	徒弟	同学
朋友	同事	同乡	战友	邻居

IV. 人称代词，例如：

F. 我	你	他(她)	咱
我们	你们	他(她)们	咱们

“某人”的作用与人称代词相当，可归入 F 组。

本文所说的指人的名词，不包括“人民”“群众”“人口”“青少年”“人们”一类的指人的集合名词。

为节省篇幅起见，以下把上述四类六组指人的名词分别简写为：

I. 名$_{姓}$ { 名$_{姓a}$……………………A
名$_{姓b}$……………………B

II. 名$_{职}$ { 名$_{职a}$……………………C
名$_{职b}$……………………D

III. 名$_{亲}$ ……………………E

IV. 名$_{代}$ ……………………F

必要时就径直用 A、B、C、D、E、F 分别代表上述各组指人的名词。

§ 3. 关于“名$_1$的名$_2$”（以下简写为“名^2”）①

一个复杂的偏正结构，我们都可以把它看成是一个由简单的偏正结构扩展成的格式。因此，要全面了解由指人的名词自相组合造成的偏正结构，最好从考察“名^2”入手。

六组指人的名词按两两组合，可以构成$6^2=36$种不同的“名^2”，可是事实上能成立的格式只有20种。具体的组合情况列如下表（表一）：

表一

名1 \ 名2（名^2）	A 名姓a	B 名姓b	C 名职a	D 名职b	E 名亲	F 名代
A 名姓a	*AA② —	AB 王刚的铁柱 周教授的小宝 老张的毛毛	*AC③ —	AD 周永泉的秘书 王书记的司机 张军长的警卫员	AE 王刚的父亲 李厂长的儿子 张老的同事	*AF④ —
B 名姓b	*BA —	BB⑤ 志刚的玲玲 振华的小三 铁柱的嘎子	*BC —	BD 祖棠的打字员 毛毛的保姆 世友的司机	BE 玉兰的爱人 玲玲的姑母 小三的同学	*BF —
C 名职a	*CA —	CB 主任的小英子 司令员的振民 厂长的毛毛	*CC —	CD 主席的警卫员 司令员的勤务员 团长的通讯员	CE 教授的女儿 厂长的小舅子 校长的朋友	*CF —
D 名职b	*DA —	DB 打字员的小宝 司机的兰兰 保姆的小岚	*DC —	DD⑥ 秘书的司机 打字员的保姆 司机的教员	DE 驾驶员的妹妹 打字员的老乡 通讯员的孩子	*DF —
E 名亲	*EA —	EB 哥哥的田田 大姨的敏霞 老师的小红	*EC —	ED 爷爷的卫生员 舅舅的通讯员 大伯父的打字员	EE⑦ 师傅的女婿 父亲的徒弟 同学的姐姐	*EF —
F 名代	FA⑧ 你们的李惠英 我们的王书记 你的老李	FB⑨ 他们的志刚 我们的小宝 你的毛毛	FC⑩ 你们的司令员 他们的书记 我们的厂长	FD 他的警卫员 你们的炊事员 我们的驾驶员	FE 你的姥姥 他的同学 我们的嫂子	*FF —

很清楚，在“名^2”里，名1位置上六组指人的名词都能出现；名2位置上，除名代（F）外其余五组指人的名词都能出现，但是当名姓a（A）和名职a（C）两组名词在名2位置上出现时，名1必须是名代（F）。

从中我们不难概括得出六组指人的名词两两组合的规则：

规则（一）六组指人的名词都能在名$_1$位置上出现。

规则（二）如果名$_1$为名$_代$（F），那末名$_2$可以是除了名$_代$（F）以外的任何一组指人的名词，即：

$$\text{如果名}_1\text{为 F，则名}_2\text{为}\begin{Bmatrix}A\\B\\C\\D\\E\end{Bmatrix}。$$

规则（三）如果名$_1$为除了名$_代$（F）以外的任何一组指人的名词，那末名$_2$只能是名$_{姓b}$（B）、名$_{职b}$（D）或名$_亲$（E）这三组名词，即：

$$\text{如果名}_1\text{为}\begin{Bmatrix}A\\B\\C\\D\\E\end{Bmatrix}\text{，则名}_2\text{为}\begin{Bmatrix}B\\D\\E\end{Bmatrix}。$$

（大括号{　}表示其中的成分是任选的，下同。）

从语义上看，“名^2”都表示领属关系。

§4. 关于“名$_1$的名$_2$的名$_3$”（以下简写为“名^3”）

现在我们考察一下由六组指人的名词三三组合造成偏正结构的情况。

六组指人的名词，如按三三组合，则可以有 $6^3 = 216$ 种不同的“名^3”，经检验，事实上能成立的格式只有 60 种。试以名$_{姓a}$（A）打头的“名^3”为例，按说可以有 $1\times6\times6=36$ 种不同的格式，事实上能成立的只有 9 种。请看（打有 * 号的表示该式不成立）：

*AAA	*AAB	*AAC	*AAD	*AAE	*AAF
*ABA	ABB	*ABC	ABD	ABE	*ABF
*ACA	*ACB	*ACC	*ACD	*ACE	*ACF
*ADA	ADB	*ADC	ADD	ADE	*ADF
*AEA	AEB	*AEC	AED	AEE	*AEF
*AFA	*AFB	*AFC	*AFD	*AFE	*AFF

下面每种格式举一个实例：

ABB：魏思民的振华的小三

ABD：陈惠英的毛毛的保姆

ABE：张军长的志刚的女朋友

ADB：王书记的司机的兰兰

ADD：周部长的助理的秘书

ADE：李伯伯的打字员的女儿

AEB：老王的弟弟的小红

AED：刘司令员的老战友的警卫员

AEE：王刚的父亲的徒弟

我们看到，六组指人的名词三三组合的情况和规则跟两两组合有非常一致的地方。

首先，在“名^3”里，如同在“名^2”里一样，六组指人的名词都能在名$_1$位置上出现。可见§3. 里的规则（一）也能用来解释“名^3”里的名$_1$。

其次，在“名^3”里，也如同在“名^2”里一样，如果名$_1$为名$_{代}$（F），那末名$_2$可以是除了名$_{代}$（F）以外的任何一组指人的名词；如果名$_1$为除了名$_{代}$（F）以外的任何一组指人的名词，那末名$_2$只能是名$_{姓b}$（B）、名$_{职b}$（D）和名$_{亲}$（E）三组名词。可见，§3. 里的规则（二）、（三）也能用来解释“名^3”里的名2。

最后，从语义上看，“名^3”也跟“名^2”一样，都表示领属关系。当然，由于“名^3”里有三项指人的名词，因此在“名^3”里包含着两重领属关系：名1和名2之间一定有领属关系，名2和名3之间一定有领属关系。注意，名1和名3之间就不一定有领属关系。下面略举些实例（打＊号的不含有领属关系，下同）：

ADD：周老的打字员的保姆（周老的打字员｜打字员的保姆｜*周老的保姆）

BEE：兰兰的同学的妹妹（兰兰的同学｜同学的妹妹｜*兰兰的妹妹）

CBE：厂长的毛毛的老师（厂长的毛毛｜毛毛的老师｜*厂长的老师）

DED：警卫员的父亲的司机（警卫员的父亲｜父亲的司机｜*警卫员的司机）

EEE：父亲的徒弟的爱人（父亲的徒弟｜徒弟的爱人｜*父亲的爱人）

FDB：他的秘书的小宝（他的秘书｜秘书的小宝｜*他的小宝）

与“名^2”相比，“名^3”里多一个名3。我们看到，在名3位置上，只能出现名姓b（B）、名职b（D）或名亲（E）。这为什么？这情况说明了什么？为此我们有必要在下一小节里进一步考察六组指人的名词四四组合和五五组合造成偏正结构的情况。

§5. 关于“名^4”和“名^5”⑪

六组指人的名词，如按四四组合，按说可以造成 $6^4 = 1296$ 种不同的"名^4"格式,经逐一检验,事实上只有 180 种能成立;如按五五组合,按说可以造成 $6^5 = 7776$ 种不同的"名^5"格式,经检验,事实上也只有 540 种能成立。例如,"名^4"我们可以说:

ADEE:王科长(的)秘书(的)弟弟的爱人
FEEB:他(的)老师(的)姐姐的小宝

但不能说:

*DCFB:*打字员的部长的他们的毛毛
*BAFC:*振华的张芝岚的他的书记

"名^5"我们可以说:

ADDEE:赵部长(的)秘书的司机的老乡的儿子
CDEEE:团长(的)警卫员的老师的孩子的同学

但不能说:

*FBCCE:*我的玲玲的校长的教授的儿子
*ABADC:*张惠英的志刚的李淑兰的秘书的部长

值得注意的是,六组指人的名词四四组合和五五组合的情况、规则彼此非常一致;不仅如此,它们跟前面讲过的两两组合和三三组合的情况、规则也非常一致。这一点只需将六组指人的名词分别在"名^2""名^3""名^4"和"名^5"里出现的情况列表对照一下就可以看得很清楚:

表二

	名$_1$	名$_2$	名$_3$	名$_4$	名$_5$
“名^2”	A. B. C. D. E. F	A. B. C. D. E			
“名^3”	A. B. C. D. E. F	A. B. C. D. E	B. D. E		
“名^4”	A. B. C. D. E. F	A. B. C. D. E	B. D. E	B. D. E	
“名^5”	A. B. C. D. E. F	A. B. C. D. E	B. D. E	B. D. E	B. D. E

表二清楚地表明，“名^4”“名^5”里名$_1$和名$_2$的情况跟“名^2”“名^3”里名$_1$和名$_2$的情况完全一样，这足见§3.里的规则（一）、（二）、（三）也都能用来解释“名^4”“名^5”里的名$_1$和名$_2$。这里更需引起我们注意的是，在“名^3”“名^4”或“名^5”里，名$_2$以后的各项位置上，六组指人的名词的出现情况完全相同，都只能是名$_{姓b}$（B）、名$_{职b}$（D）或名$_{亲}$（E）。这绝不是偶然的巧合，这是有规律可循的。对于“名^3”“名^4”和“名^5”里名$_2$以后各项位置上指人的名词的出现情况，我们可以仿规则（三）的内容来加以解释，即由于名$_3$的前一项名$_2$只能是除名$_{代}$（F）以外的指人的名词，因此名$_3$只能是名$_{姓b}$（B）、名$_{职b}$（D）或名$_{亲}$（E）；以此类推，由于名$_3$只能是名$_{姓b}$（B）、名$_{职b}$（D）或名$_{亲}$（E），因此名$_3$后一项的名$_4$也只能是名$_{姓b}$（B）、名$_{职b}$（D）或名$_{亲}$（E）；同样道理，名$_4$后一项的名$_5$也只能是名$_{姓b}$（B）、名$_{职b}$（D）或名$_{亲}$（E）。

规则（一）、（二）、（三）原是根据“名^2”的情况概括得出的，按原先的表述，当然只适用于“名^2”。为使这三条规则更具有普遍性，不仅适用于“名^2”，也能适用于“名^3”“名^4”“名^5”，我们需要把这三条规则分别修改为：

规则（一）　在由指人的名词自相组合造成的偏正结构里，首项（即名$_1$）位置上六组指人的名词都能出现。

规则（二）　在由指人的名词自相组合造成的偏正结构里，如果前一项是名$_{代}$（F），那末相邻的后一项可以是名$_{代}$（F）以外的任何一组指人的名词。

规则(三) 在由指人的名词自相组合造成的偏正结构里,如果前一项是除了名代(F)以外的任何一组指人的名词,那末相邻的后一项只能是名姓b(B)、名职b(D)或名亲(E)。

从规则(二)、(三)中,我们不难发现指人的名词自相组合造成偏正结构的另一条更为重要的规则,即:

规则(四) 在由指人的名词自相组合造成的偏正结构里,不管包含多少项,总是前一项名词限制着相邻的后一项名词的选择。

从语义上看,"名^4"和"名^5"也都表示领属关系,只是因为"名^4"里有四项指人的名词,"名^5"里有五项指人的名词,所以它们分别包含着三重和四重领属关系:名$_1$和名$_2$之间,名$_2$和名$_3$之间,名$_3$和名$_4$之间,以及名$_4$和名$_5$之间一定有领属关系。至于名$_1$和名$_3$之间、名$_1$和名$_4$之间、名$_1$和名$_5$之间、名$_2$和名$_4$之间、名$_2$和名$_5$之间以及名$_3$和名$_5$之间,也不一定有领属关系。下面也略举些实例:

ADEE:王科长的秘书的弟弟的爱人(王科长的秘书|秘书的弟弟|弟弟的爱人|*王科长的弟弟|*王科长的爱人|*秘书的爱人)

FEED:他的老师的姐姐的小宝(他的老师|老师的姐姐|姐姐的小宝|*他的姐姐|*他的小宝|*老师的小宝)

ADDEE:赵部长的秘书的司机的老乡的儿子(赵部长的秘书|秘书的司机|司机的老乡|老乡的儿子|*赵部长的司机|*赵部长的老乡|*赵部长的儿子|*秘书的老乡|*秘书的儿子|*司机的儿子)

CDEEE:团长的警卫员的老师的孩子的同学(团长的警卫员|警卫员的老师|老师的孩子|孩子的同学|*团长的老师|*团长的孩子|*团长的同学|*警卫员的孩子|*警卫员的同学|*老师的同学)

至此我们又可概括得出一条由指人的名词自相组合造成偏正结构

的语义规则，即：

规则（五） 由指人的名词自相组合造成的偏正结构都表示领属关系；有 n 项名词就包含 n-1 重领属关系；所包含的领属关系是非传递性的，即在这种组合里，任何相邻的两项名词之间一定有领属关系，不相邻的两项名词之间不一定有领属关系。[12]

§6. 关于"名^n"及其能成立的不同格式数目

从理论上来说，六组指人的名词可以以任意数自相组合造成包含任意项名词的偏正结构"名^n"（$n \geq 2$）。[13] §5. 里所述的五条规则将适用于任何"名^n"。[14]

前面已分别指出，能成立的不同的"名^2"格式有 20 种（§3.），"名^3"有 60 种（§4.），"名^4"有 180 种（§5.），"名^5"有 540 种（§5.）。上述每类偏正结构能成立的格式数目，都是通过对每种格式的具体检验得到的，只是限于篇幅，未能在本文中将上述各类所有能成立的和不能成立的格式全部列出来。这里，我们不难发现，上述能成立的"名^5"格式的数目正好是能成立的"名^4"格式数目的三倍，而"名^4"又正好是"名^3"的三倍，"名^3"又正好是"名^2"的三倍。它们之间如此整齐的比例关系不是偶然的，正是由规则（一）、（二）、（三）、（四）所决定的。

根据规则（一），名$_1$可以是 A、B、C、D、E 或 F；根据规则（四）和规则（二）、（三），当 F 处于名$_1$位置上时，名$_2$可以是 A、B、C、D 或 E，这样可造成 $1\times5=5$ 种能成立的不同的"名^2"格式；当 A、B、C、D 或 E 处于名$_1$位置上时，名$_2$只能是 B、D 或 E，由此造成 $5\times3=15$ 种能成立的不同的"名^2"格式。加在一起，能成立的不同的"名^2"格式就是 $1\times5+5\times3=20$ 种。

根据规则（四）和规则（二）、（三），名3及其以后的各项位置上，只能出现B、D或E，这就决定了“名^{2}”以后每增加一项名词，能成立的不同格式数目就递增三倍。造成“名^{2}”“名^{3}”“名^{4}”“名^{5}”能成立的不同的格式数目之间整齐的比例关系的原因便由此而知。很明显，如果将“名^{2}”“名^{3}”“名^{4}”“名^{5}”能成立的不同的格式数目依次列出来，正好是一个首项为20、公比为3的等比数列（20，60，180，540……）。这样，根据数学上的等比数列的通项公式，我们就可以求知包含任何项名词的“名^{n}”能成立的不同的格式数目。[15]

§7. 关于“名^{n}”的内部层次构造

“名^{n}”里的n=2时，即“名^{2}”，其内部层次构造简单。[16]这里我们要讨论的是n>2时“名^{n}”的内部层次构造。

在§3.里我们曾指出，一个复杂的偏正结构都可以把它看成是一个由简单的偏正结构扩展成的格式。讨论“名^{n}”的内部层次构造时，最好跟由“名^{2}”到“名^{n}”的扩展联系起来考虑，这样问题会解决得透些。鉴于由指人的名词自相组合造成偏正结构的规律性极强，为使讨论尽量简洁些，下面我们着重讨论“名^{3}”的内部层次构造和由“名^{2}”到“名^{3}”的扩展，而所得的结论将适用于“名^{n}”（n>2）。

句法结构的扩展，主要有两种类型：[17]

一种是替换性扩展（expansion by substitution）[18]，即原结构里的某个组成成分被比它大的合成语法形式所替换，从而形成一个长度超过原结构的新的句法结构。例如：

我看→我（看电影）

看小说→看（巴金的小说）

老师的宿舍→(语文老师)的宿舍

一是组合性扩展(expansion through combination),即原结构作为一个构件跟另一个新的语法形式进行组合,从而形成一个长度超过原结构的新的句法结构。例如:

我不怪他→这件事情(我不怪他)
钾盐含量→土壤的(钾盐含量)
羊皮领子→(羊皮领子)大衣

就偏正结构来说,如果联系扩展情况来看它的内部层次构造,将有以下四种情形:

a. YZ→(XY)Z　如:老师的宿舍→(语文老师)的宿舍
b. XZ→X(YZ)　如:新的桌子→新的(木头桌子)
c. XY→(XY)Z　如:羊皮领子→(羊皮领子)大衣
d. YZ→X(YZ)　如:钾盐含量→土壤的(钾盐含量)

上述四种情形中,a、b属替换性扩展,c、d属组合性扩展。如果不考虑扩展的因素,单就内部层次构造来说,那末a和c相同,b和d相同。

现在需要讨论清楚的是,由指人的名词自相组合所造成的“名^3”是属于情形a,还是b,还是c,还是d?这个问题弄清楚了,“名^n”的内部层次构造也就清楚了。在具体讨论这个问题之前,有必要再补充说明这样一个事实,即从理论上来说,20种能成立的不同的“名^2”格式中的任何一种,都可以进行无限的扩展,根据规则(四)和规则(三),其扩展的形式是(试以FC这一格式的扩展为例):

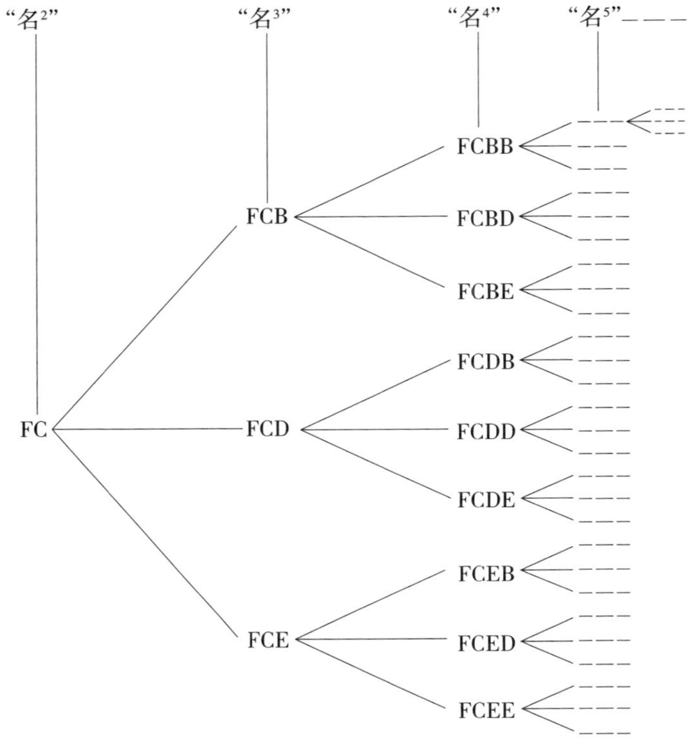

例如（以每次扩展时都是后加 E 为例）：

“名^2”FC	我们（的）团长
“名^3”FCE	我们（的）团长的父亲
“名^4”FCEE	我们（的）团长（的）父亲的老战友
“名^5”FCEEE	我们（的）团长（的）父亲的老战友的儿子
“名^6”FCEEEE	我们（的）团长（的）父亲的老战友的儿子的老师
“名^7”FCEEEEE	我们（的）团长（的）父亲的老战友的儿子的老师的朋友

“名^{8}”FCEEEEEE　我们(的)团长(的)父亲的老战友的儿子的老师的朋友的孩子

现在讨论上面所提出的问题。

根据规则(五),在“名^{3}”里,名1的名3之间不一定有领属关系,这就首先可以肯定“名^{3}”不可能是b,即“名^{3}”不可能是由“名1的名3”通过替换扩展来的。“我的同事的爱人”显然不是由“我的爱人”扩展来的。

也不可能是d,即“名^{3}”不可能是由“名2的名3”通过组合(前加名1)扩展来的。首先,d是前加型组合性扩展,这种扩展从根本上来说是跟规则(四)相抵触的。其次,即使不考虑规则(四),我们也应该看到,“名^{2}”通过前加型组合只能进行有限的扩展。举例来说,凡F打头的“名^{2}”格式就不能再进行扩展:凡A、C打头的“名^{2}”格式,只能扩展一次(前加F);其他三组名词(即B、D、E)打头的“名^{2}”格式,扩展了一次以后能否再进行扩展,还得视第一次扩展时前加哪一组指人的名词而定。因此,如果认为“名^{3}”属于d,即认为“名^{3}”是由“名2的名3”通过前加型组合扩展来的,就无法解释上面已经指出的“名^{2}”中任何一个能成立的格式都能进行无限扩展的这一事实。

既然排除了“名^{3}”属于b、d这两种情形的可能性,这就可以初步肯定“名^{3}”的内部层次构造是“(XY)Z”,即不可能是“X(YZ)”。

为使我们对“名^{3}”的内部层次构造的分析能适用于所有的“名^{n}”,因此有必要追究到底是属于情形a还是c。

单就“名^{3}”看,似乎是a、c两可的,但是就整个“名^{n}”看,分析为c

更为合理些。理由如下：

1. 规则（四）告诉我们，在由指人的名词自相组合造成的偏正结构里，总是前一项的名词限制着相邻的后一项的名词的选择。情形 c 正与规则（四）相吻合。

2. 如果分析为 a，也不好说明为什么任何一个能成立的“名^{2}”格式都可以无限扩展。需知按情形 a 也只能进行有限的扩展。

3. 前面曾不止一次地指出，指人的名词自相组合造成偏正结构有着极强的规律性，正是这种极强的规律性，使“名^{2}”“名^{3}”“名^{4}”“名^{5}”……各偏正结构里的同项位置上可能出现的指人的名词完全相同（见表二）。这样，我们把“名^{3}”看作是由“名^{2}”后加名$_{3}$，即通过后加型组合扩展成的，这不仅可以较合理地解释为什么任何一个能成立的“名^{2}”格式都可以进行无限扩展，而且也有利于分析和认识任何一个复杂的“名^{n}”的内部层次构造。

按以上的认识，我们就可以把“名^{n}”分析为：

“名^{n}”→“名$^{n-1}$”+名$_{n}$

假设 n=8，那末“名^{8}”可分析为：

∵“名^{8}”→“名^{7}”+名$_{8}$

“名^{7}”→“名^{6}”+名$_{7}$

“名^{6}”→“名^{5}”+名$_{6}$

“名^{5}”→“名^{4}”+名$_{5}$

“名^{4}”→“名^{3}”+名$_{4}$

“名^{3}”→“名^{2}”+名$_{3}$

“名^{2}”→“名^{1}”+名$_{2}$

∴“名^{8}”→((((((名$_{1}$+名$_{2}$)+名$_{3}$)+名$_{4}$)+名$_{5}$)+名$_{6}$)+名$_{7}$)+名$_{8}$

很显然，如果对“名^{8}”进行从大到小的层次分析，那将会看到一律是左向的。例如：

我们（的）团长（的）父亲的老战友的儿子的老师的朋友的孩子

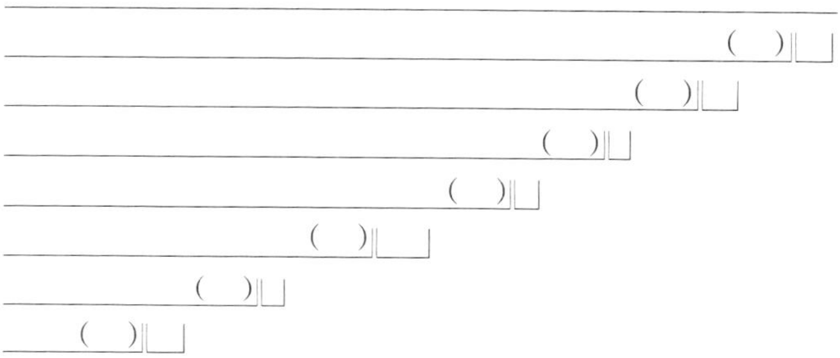

至此，我们又可概括得到一条由指人的名词自相组合造成偏正结构的重要规则，即：

规则（六） 由指人的名词自相组合所造成的偏正结构，其内部层次构造，如果对它进行从大到小的分析，那一定都是左向的。

§8. 对“父亲的父亲的父亲”的分析

在全面了解了由指人的名词自相组合造成偏正结构的情况和规则之后，就可以明白§1. 里对“父亲的父亲的父亲”所作的A、B两种分析并不都是合理的。“父亲的父亲的父亲”当然是由指人的名词自相组合造成的偏正结构里EEE格式的一个特例，但是它的特殊性仅仅表现在它所包含的三项名词正好都是“父亲”一词这一点上。前面所概括得到的由指人的名词自相组合造成偏正结构的六条规则是整个这类偏正结构所具有的共性，其中每一条规则对“父亲的父亲的父亲”都起着制约作用，这就是说，“父亲的父亲的父亲”在层次构造上不可能越出上面对“名^{3}”乃至“名^{n}”所作的分析。因此，“父亲的父亲的父亲”按A分析才是合理的。

必须指出，§1.里的分析手续是很成问题的。事实上在对“父亲的父亲的父亲”作层次分析之前先用了个“代入法”，即由于“父亲的父亲”与“祖父”意思相同，因而在着手分析那偏正结构之前，先直接用“祖父”替代那结构里的“父亲的父亲”，然后再作层次分析。

在句法结构的层次分析中使用这种“代入法”是很要不得的。

我们承认，在语言里有时一个意思可以用一个词来表示，也可以用一个分析性的合成语法形式（这里就是指句法结构）来表示。“祖父”和“父亲的父亲”正是属于这种情形。但是，当我们对一个较复杂的句法结构作层次分析时，绝不能看到所分析的句法结构里的某一串词在意思上跟长度比它短的某个词同义，于是就先用那个词去替换那串词（即先用“代入法”），然后再作层次分析。之所以不能那样做，是因为不能保证所替换下来的一串词在所分析的句法结构里一定是一个语法形式。就“父亲的父亲的父亲”来说（为便于说明，将此结构改称为“父亲$_1$的父亲$_2$的父亲$_3$”），按A，替换下来的“父亲$_1$的父亲$_2$”在原结构里是个语法形式；可是按B替换下来的“父亲$_2$的父亲$_3$”在原结构里便不是个语法形式。因此，在句法结构的层次分析中不能用这种“代入法”，更不能以此作为分析复杂句法结构的层次构造的依据或原则。

既然B是不合理的，那为什么分析所得的结果在意思上跟A等值呢？需知，这完全是一种偶合。这如同在数学上，一个数，如7，既可以用一个数字“7”来表示，也可以用“3+4”或“5+2”等算式来表示。但是，当我们对一个复杂算式进行四则运算时，一定要按先乘除后加减的运算规则来运算，绝不能看到所运算的算式里有“3+4”或“5+2”，就不管三七二十一先用7去替换，然后再进行运算；如果这样做就不会得到正确的答案。例如“5×3+4”这一算式，按规则运算正确答案是5×3+4＝15+4＝19；如果用“代入法”，得到的答案将是5×3+4＝5×7＝35，这就错了。有时，用“代入法”似乎也可以得到一个正确的答案，例如：

A a. $1\times3+4=3+4=7$［正确运算］

b. $1\times3+4=1\times7=7$［错误运算］

B a. $2+5\times1=2+5=7$［正确运算］

b. $2+5\times1=7\times1=7$［错误运算］

但这也仅仅是有条件的偶合。如果 a 里的被乘数和 b 里的乘数不是 1,就不能得到正确的答案。

总之,§1. 里的“代入法”从根本上来说,是一个缺乏层次观念的不科学的方法,在句法分析中绝不能采用。

§9. 结束语

本文从讨论“父亲的父亲的父亲”这一偏正结构的内部层次构造谈起,全面讨论了由指人的名词自相组合造成偏正结构的情况,总结得出了指人的名词自相组合造成偏正结构的六条规则。这些规则虽然是根据指人的名词自相组合造成偏正结构的情况得出的,但是这对于研究由其他词语造成的名词性偏正结构的内在规律,或许也会有些借鉴作用。譬如说,我们能否从规则(五)、(六)推导出这样一条更带有普遍性的规则,即:

规则,一个包含多项名词的表示领属关系的名词性偏正结构,如果每每相邻的两项名词之间总发生领属关系,那末这个偏正结构的内部层次构造,如果从大到小切分,一定是左向的。

这规则是否站得住? 像“鲁镇的酒店的格局”(鲁迅《孔乙己》)是不是也应分析为:

〔(鲁镇的酒店)的〕〔格局〕

不妨用语言事实去检验检验。

附　注

① 为便于讨论,我们让"名^2"以及下文将讨论到的"名^3""名^4"等都带上了"的"字,事实上"的"字在这些偏正结构里并不是非出现不可的(我们的团长~我们团长)。"的"字在这些偏正结构里的出没还有它自己的规律,这里不能细说。

② 打有＊号的,表示该格式不成立,下同。

在强调区分同名同姓的两个人时,偶尔也用到AA格式,例如:"我说的是李司令员的李小平。"这种例外可不予考虑。

③ 似乎也有AC格式,如:(1)今天是王刚的主席。(2)王刚的主席是合法的。其实,例(1)里的"王刚的主席"意思相当于"王刚当主席",这不是偏正结构,这种结构的性质有待于进一步探讨。例(2)里的"王刚的主席"是偏正结构,但这里的"主席"只表示职务名称,并不转指人。因此,例(1)、(2)里的"王刚的主席"都不属于本文讨论的范围。

④ 似乎也有AF格式,如:(1)你不认识吴志民吗?吴志民就是沈惠英的他!(2)张惠敏她们看电影去了。其实,例(1)"沈惠英的他"虽是偏正结构,但这是一种修辞上的临时用法(中心语只限于"他(她)"),含有俏皮、戏谑的语气,这里的"他"实际作为"爱人"的代名词。例(2)"张惠敏她们"不是偏正结构,是同位结构(亦说复指结构)。因此,它们也都不属于本文讨论的范围。BF、CF、DF、EF也有类似的情形,将不再另作说明。

⑤ BB格式通常表示父母和子女的关系,"振华的小三"就是"振华的孩子小三"的意思;有时也表示爱人关系,如:"昌明的凤仙呢?"既可理解为"昌明的女儿凤仙呢?",也可以理解为"昌明的爱人凤仙呢?"。不管表示哪种关系,由于父母跟子女很少同名,爱人俩也很少同名,所以前后为同一个名词的BB结构(如"志刚的志刚""玲玲的玲玲")在实际语言里极少见。

⑥ 在DD格式里,前后也不能是同一个名词(*司机的司机|*打字员的打字员),但也不排斥下面这种说法:(1)他竟成了保姆的保姆了。(2)这样说来,你是秘书的秘书了。这种说法里往往含有不合情理的意思。

⑦ 在EE格式里,前后可以是同一个名词,如:父亲的父亲|外婆的外婆|老师的老师|朋友的朋友。但是,表示夫妻关系的词语不能有这样的用法(*妻子的妻子|*丈夫的丈夫)。

⑧ 在FA格式里,F一般为复数人称代词,但也可以是第二人称单数人称代词,如:你的王刚|你的老李|你的张惠英。这时往往表示爱人关系。

⑨　在 FB 格式里，F 为单数人称代词时，或表示父母和子女的关系，或表示爱人关系，如：他的小宝｜我的毛毛｜你的惠英｜他的志华。

⑩　在 FC 格式里，F 只能是复数人称代词。似乎也可以是单数人称代词，如：(1)今天是你的主席。(2)他的科长是大伙儿选的。但例(1)的“你的主席”和例(2)的“他的科长”都不属于本文讨论的范围，参见注③。

⑪　“名^{4}”即“名 1 的名 2 的名 3 的名 4”，“名^{5}”即“名 1 的名 2 的名 3 的名 4 的名 5”。

⑫　当“名^{n}”($n>1$)里的名 2 以及名 2 以后的各项名词均为名亲(E)时，则有可能不相邻的两项名词之间也有领属关系，例如，“他(的)三哥的哥哥”，也就是“他的哥哥”；“我(的)亲戚的亲戚”，也就是“我的远亲”。其中也有规律，这里不能细说。

⑬　在书面上曾见到“名^{5}”的实例：“谁的小姨子的公公的盟兄弟的寡嫂”(老舍：《正红旗下》，人民文学出版社，1980 年，北京)；“名^{11}”的实例：“俺乃著名京剧艺术大师梅兰芳之得意门生之亲侄之三姑之六嫂之外甥之大舅之同乡之同事之同学之邻居是也！”(讽刺画“自报家门”，《北京晚报》1984 年 9 月 8 日转载自《讽刺与幽默》)，这里的“之”相当于“的”。

⑭　“名^{n}”也可以概括表示为：

$$XYZ^{n}$$

在上面的表示式里，X 为$\begin{Bmatrix} F \\ \varnothing \end{Bmatrix}$(Ø 表示零形式，下同)，Y 为$\begin{Bmatrix} A \\ C \\ \varnothing \end{Bmatrix}$，Z 为$\begin{Bmatrix} B \\ D \\ E \\ \varnothing \end{Bmatrix}$；Z 右上角的 n 表示 Z 的项数。条件是 X、Y 和 Z 不能都是零形式 Ø。按上面的表示式，当 X 为 F，Y 为 A，Z 为 Ø，则便是“名^{2}”的 FA 格式；当 X 为 Ø，Y 为 C，n＝2，Z1 为 D，Z2 为 B，则便是“名^{3}”的 CDB 格式；当 X 为 Ø，Y 为 Ø，n＝4，其中 Z1 为 B，Z2 为 E，Z3 为 E，Z4 为 E，则便是“名^{4}”的 BEEE 格式；等等。上述表示式是根据陆丙甫同志的意见设立的。

⑮　等比数列的通项公式是：

$$an = a1q^{n-1}$$

a1 表示等比数列首项的数目，n 为自然数，an 表示等比数列的通项(即任意项)的数目，q 表示等比数列的公比数。为使等比数列的通项公式里 n(项数)跟“名^{n}”里的 n 在数值上取得一致(现在不一致，“名^{n}”里的 n 比等比数列的通项公式里的 n 大 1)，我们不妨将“名^{2}”看作等比数列里的第二项，相应地将等比数列的通项公式改写为：

$an = a2q^{n-2}$

这样,就成为求知“名^{n}”能成立的不同格式数目的等比数列通项公式。

⑯　“名^{2}”的内部层次构造是:〔名 1 的〕〔名 2〕,或表示为:名 1 的 名 2。

└──( )┘└─┘

⑰　如果 B 式是 A 式的扩展式,那么 A 式就是 B 式的模型(model),B 式的长度可以大于,也可以等于 A 式的长度(参见 R. S. Wells: Immediate Constituents §4. ,*Language*,23,1947)。这儿只就 B 式长度大于 A 式长度这一种扩展情况来说的。

⑱　亦称“更迭性扩展”。

(原载《中国语言学报》第 2 辑,1985 年)

关于“去+VP”和“VP+去”句式

提要 在普通话里，“去+VP”格式和“VP+去”格式有时可以互换(去问问～问问去|喝点儿水去～去喝点儿水)。“去+VP”格式和“VP+去”格式是不是能随意互换？其中有无规律可循？互换后在意思表达上有无差别？文章从语法、语义、语用三个角度回答了上述问题。

§0. 本文所说的“去+VP”和“VP+去”，都是指的连谓结构[①]，其中的 VP 表示动词性词语。

在普通话里，把“(你)去问问”(去+VP)说成“(你)问问去”(VP+去)，或者把“(我)喝点儿水去”(VP+去)说成“(我)去喝点儿水”(去+VP)，意思似乎没有什么差别。这就容易给初通汉语的非汉族同胞和外国留学生一种错觉，以为“去+VP”和“VP+去”这两种说法可以随意换着说，甚至以此为依据进行错误的类推，说出一些不合汉语规范的话来：

(1)“埃德，你刚才干吗去啦？”

“*我打了一会儿排球去。”

〔我去打了一会儿排球。〕

(2)*请你把插头拔掉去。

〔请你去把插头拔掉。〕

(3)“玛沙呢？”

“*玛沙去上图书馆了。”

〔玛沙上图书馆去了。〕

(4)[?]田中,走,去上课!

〔田中,走,上课去!〕

“去+VP”和“VP+去”到底能不能随意换着说呢?其中有无规律可循呢?我们知道,语言中两个格式能换着说而意思基本不变,得有个条件,二者内部的语义结构关系得一致。因此,为了搞清楚上面所提的问题,有必要先分别考察一下“去+VP”和“VP+去”各自的内部语义结构关系。

§1.先看“去+VP”。

“去+VP”的内部语义结构关系很单一。请先看些实例:

(1)你去打酒,我去给老张打电话。

(2)王掌柜,过来,你去跟那个老婆子说说,说好了,我送给你一袋子白面!(老舍《茶馆》)

(3)祖母把我们母女赶了出来,妈妈就去找二叔要主意,……(老舍《全家福》)

(4)那会儿人家去拣半煤石,你干嘛总挑那个时间路过那儿?(陈建功《甜蜜》)

(5)我是去投考了电影训练班,……(老舍《女店员》)

(6)我昨天去看了个电影。

很清楚,例(1)—(6)“去”和VP都说明同一施动者,“去”表示施动者位移的运动趋向,VP表示施动者位移后进行的行为动作,“去”和VP之间有一种目的关系,即VP表明“去”的目的[②]。经检验,凡“去+VP”

的句子，其内部语义结构关系都是这样，无一例外。

§2. 再看“VP+去”。

“VP+去”的内部语义结构关系要复杂一些，起码可以分下列六种情况：

A.“去”表示 V 的受动者位移的运动趋向③，那受动者成分有时在 V 后出现，例如：

(1) 明儿还给他们送喜糖去，气他！(陈建功《丹凤眼》)

(2) 你不能寄钱去让他自己买吗？

(3) 先打我这儿拿点杂合面去，……(老舍《龙须沟》)

(4) 就手儿接过水桶去……(老舍《全家福》)

有时在 V 前出现，例如：

(5) 看来钱还得给他寄点儿去。

(6) 快，把船里的东西扔些去，否则船一沉谁都别想活！

(7) 你怎么把好字眼儿都占了去，不给别人留点份儿呢？(老舍《女店员》)

(8) 我会带着二傻子需要的东西也上雪山，过沙漠，给她送了去。(老舍《女店员》)

(9) 茶叶我已经给他寄了一斤去了。

如受动者在 V 前出现，V 后一定要带上数量词(如例(5)、(6))，或带上“了”(如例(7)、(8))④。

当表示 A 义时，其中的“去”在口语里通常轻读为[tɕʻi^{0}]。

B. VP 和“去”说明同一施动者,“去”表示施动者位移的运动趋向,VP 则表示“去”的方式。这又可细分为三组:

B_1(1)我们都骑自行车去。

(2)你是坐火车去还是坐飞机去?

B_2(3)我们还是走着去吧。

(4)他是一口气跑着去的。

B_3(5)你就穿我的去吧,这有什么。

(6)要进林子一定得带着枪去。

B_1 和 B_2 侧重说明施动者位移时的运动方式。凭借交通工具去的用 B_1 说法,这时 VP 一定是一个带工具宾语的述宾结构;不凭借交通工具的用 B_2 说法,这时 VP 是个“V 着”。B_3 则侧重说明施动者位移时随身穿戴或携带之物。

当表示 B 义时,其中的“去”仍念本音[tɕ‘y⁴]。

C. VP 表示事物位移的终点,可以是指 V 的施动者的位移终点,例如:

(1)小花,教员罢课,你住姥姥家去呀?(老舍《茶馆》)

(2)前天我上她们那儿去了。(老舍《女店员》)

(3)去年改正了,回文学研究所去了。(陈建功《走向高高的祭台》)

(4)跳江里去算了!(陈建功《飘逝的花头巾》)

(5)不信,你现在跳下水去,我一定连想也不想,就跳进去,把你救上来。(老舍《女店员》)

(6)外边呀,精湿烂滑的,滑到沟里去可怎么办!(老舍《龙须沟》)

也可以是指 V 的受动者的位移终点，例如：

(7)你不会把二嘎子荐到工厂去吗？（老舍《龙须沟》）

(8)是那个可恨的旧社会把你推进火坑里去的，不是你自己的过错！（老舍《全家福》）

(9)厨房挪到后边去，专包公寓住客的伙食。（老舍《茶馆》）

(10)又把那团棉丝扔到江里去了。（陈建功《飘逝的花头巾》）

有时，位移者很难说是 V 的施动者还是受动者，例如：

(11)核桃！怎么进了袖子里去呢！（老舍《女店员》）

(12)你的话就好比玫瑰花儿张开了嘴儿，一股子香味儿钻到我心里去了！（老舍《全家福》）

当表示 C 义时，其中的“去”在口语里也轻读为[tɕʻi^0]。

D.“去”表示施动者位移的运动趋向，VP 指明施动者位移的时间，强调施动者的位移在另一行为动作完成之后，例如：

(1)我想吃了晚饭去。

(2)看完电视去行不行？

(3)昨天我是吃了去的。

(4)别着急，写完了去也还来得及。

VP 可以是个述宾结构（例(1)、(2)），也可以不是（例(3)、(4)），V 后通常要带上动态助词“了”。

当表示 D 义时，其中的“去”也仍读本音[tɕʻy^4]。

E. VP 为述宾结构，其宾语成分是 V 的受动者，是“去”的施动者，这种“VP+去”就是通常所谓的递系结构，例如：

(1) 我说不到派出所去，你偏叫我去！(老舍《全家福》)

(2) 最后决定派他去。

(3) 不带我去？(陈建功《走向高高的祭台》)

(4) 我应该让给别的人去。(陈建功《萱草的眼泪》)

表示 E 义时，其中的“去”也念本音[tɕʻy^4]。

F. VP 和“去”都说明同一施动者，“去”表示施动者位移的运动趋向，VP 表示施动者位移后进行的行为动作。VP 和“去”之间有目的关系，即 VP 表示“去”的目的。例如：

(1) 二哥，走！找个地方喝两盅儿去！(老舍《茶馆》)

(2) 齐大妈，妈，后天你们老姐儿们可千万看看去呀！(老舍《女店员》)

(3) 大娘，给我，我跟他们说说去！(同上)

(4) 丁四，你找个地方睡会儿去！(老舍《龙须沟》)

(5) 我找二嘎子去啦！(同上)

当表示 F 义时，其中的“去”在口语里轻读为[tɕʻi^0]。

§3. 上面我们分别考察了“去+VP”和“VP+去”内部的语义结构关系。“去+VP”较单一，只含有一种语义结构关系；“VP+去”要复杂些，含有六种不同的语义结构关系。不难发现，就内部语义结构关系看，只有表F义的“VP+去”与“去+VP”相一致。不言而喻，能与“去+VP”换着说的只有表F义的“VP+去”，余者都不能换说成“去+VP”。试看：

VP+去	去+VP
A. 寄点儿钱去⑤	*去寄点儿钱⑤
那个数不妨也减了去	*那个数不妨也去减了
B. 乘飞机去⑥	*去乘飞机⑥
走着去	*去走着
穿我的雨衣去⑦	*去穿我的雨衣⑦
C. 回姥姥家去	*去回姥姥家
跳水里去	*去跳水里
D. 吃了晚饭去	*去吃了晚饭
考完了去	*去考完了
E. 派小刘去	*去派小刘
让别人去	*去让别人
F. 我买菜去	我去买菜
昨天看电影去了	昨天去看电影了

§4. “去+VP”和表F义的“VP+去”可以换着说，那么它们之间是否就可以随意换着说呢？从句法角度看，也还不可以随意换着说。

经检验，“去+VP”为下列情况之一者，就不能换说为“VP+去”：

I. 如果动词V后带有补语C的，便不能换用“VP+去”的说法。例如，“我一定要去问问”可以换说成“我一定要问问去”，但是“我一定要去问清楚”（“问清楚”是VC），便不能换说成“我一定要问清楚去”。再如：

(1)我为什么总要按照自己的生活逻辑，去刺伤(VC)他的心呢？(陈建功《流水弯弯》) 〔*……刺伤他的心去呢？〕

(2)我马上走，去留住(VC)尤师傅，……(老舍《女店员》) 〔*我马上走，留住尤师傅去，……〕

(3)每月月初，他又去买回(VC)几斤白糖。(陈建功《京西有个骚达子》) 〔*……他又买回几斤白糖去。[8]〕

(4)哟，我得去约上(VC)齐大妈。(老舍《女店员》) 〔*哟，我得约上齐大妈去。〕

(5)我去把你的车推出去(VC)！(老舍《全家福》) 〔*我把你的车推出去去！〕

II. 马希文同志曾指出，"V 了 $_2$"相当于"VC"[9]。因此，如果动词 V 带上"了 $_2$"也不能换用"VP+去"的说法。例如，"我也去看看"可以换说成"我也看看去"，但是"我也去看了看"就不能换说成"我也看了看去"。再如：

(1)你去把废报纸卖了！ 〔*你把废报纸卖了去！〕

(2)那黑板上的字你去擦了！ 〔*那黑板上的字你擦去了！[10]〕

(3)我是去投考了电影训练班，……(老舍《女店员》) 〔*我是投考了电影训练班去，……〕

(4)刚才我去看了场电影。 〔*刚才我看了场电影去。〕

III. 如果 VP 本身又是个连谓结构 V_1V_2，而 V_2 是个趋向动词，也不能换用"VP+去"的说法。例如，"你也去买两个吃"可以换说成"你也买两个吃去"，但是"你也去买两个来"就不能换说成"你也买两个来去"。再如：

(1)老奶奶,我去给你拿两个包子来,……(老舍《全家福》)〔*……我给你拿两个包子来去,……〕

(2)你去叫他们出来! 〔*你叫他们出来去!〕

(3)我去请张经理下楼来。 〔*我请张经理下楼来去。〕

IV. 如果VP是个“一+V”的“状中”偏正结构,也不能换用“VP+去”的说法。这种“去+一+V”格式都是粘着的,后面一定跟一个小句或其他谓词性词语。例如,“我去一看,原来他已经睡着了。”其中的“去一看”就不能换说成“一看去”。再如:

(1)你去一说,他准同意借。 〔*你一说去,他准同意借。[11]〕

(2)他去一拿就沾了一手。 〔*他一拿去就沾了一手。〕

V. 如果VP是一个比较长的谓词性结构,特别是中间还有语音停顿,一般也不能换用“VP+去”的说法。例如,“我想去看电影”可以换说成“我想看电影去”;而“我想去看一个刚上映的描写经济改革的电影”就不宜换说成“我想看一个刚上映的描写经济改革的电影去”;而下面这个例子:

(1)我想去看一个刚刚上映的、是描写经济改革的电影。

就根本不能换说成:

(2)*我想看一个刚刚上映的、是描写经济改革的电影去。

再如:

(3)几乎每星期,他都能找到电影票,我们一起去看社会上难得看到的参考影片。(陈建功《流水弯弯》) 〔*……我们一起看社会上难得看到的参考影片去。〕

(4)前些日子你妈妈去跟我妈妈说,给我介绍一个对象。(老舍《女店员》) 〔*前些日子你妈妈跟我妈妈说,给我介绍一个对象去。〕

(5)那时候我淘气极了,招得妈妈到处去喊招弟儿,招弟儿!(老舍《全家福》) 〔*……招得妈妈到处喊招弟儿,招弟儿去!〕

从上可知,"去+VP"换说成"VP+去"要受到一些句法条件的限制。

经检验,表F义的"VP+去"则都可以换说成"去+VP",而不受什么句法条件的限制,例如:

(1)我问去 〔我去问〕

(2)看看去 〔去看看〕

(3)喝碗热茶去 〔去喝碗热茶〕

(4)跟他商量商量去 〔去跟他商量商量〕

(5)我给你拿衣服去 〔我去给你拿衣服〕

(6)咱们找个地方喝两盅去 〔咱们去找个地方喝两盅〕

(7)我们请王老师作报告去 〔我们去请王老师作报告〕

(8)干么去 〔去干么〕

§5. 上面是从句法的角度说的。如从语用的角度看,将会发现,在句法上能允许换着说的,在具体的话语里不一定能换着说。例如:

(1)我为什么还要用我的后悔去增加他的痛苦呢?(陈建功

《流水弯弯》)

(2)走,上班去!

例(1)、(2)就不宜换说成例(3)、(4):

(3)? 我为什么还要用我的后悔增加他的痛苦去呢?

(4)? 走,去上班!

这并不是因为受了什么句法条件的限制,这一点从例(5)、(6)可以得到证明:

(5)你回去,我求求你,你别增加他的痛苦去了!

(6)这样吧,从明天起,我去上班,你在家哄孩子,怎么样?!

这说明,“去+VP”和表F义的“VP+去”能不能换着说还要受到语用上的限制。为了弄清楚这种语用上的限制,我们作了一个小小的统计。结果如下:

	去+VP	VP+去
老舍四部剧作[12]	128	132
陈建功小说集[13]	37	22
相声创作选集[14]	4	54
北京口语调查材料[15]	6	66

所依据的材料都是北京话。老舍先生是“五四”以来用北京话写作卓有成绩、影响深远的一位作家,他的作品大家都认为是京味儿很浓的;陈建功是当代青年作家,北京人,他的作品一般也被认为是京味儿较浓的;相声是起源于北京的一种曲艺,说讲都用的北京话;北京口语调查

材料是记录的未加工的原始北京口语。从统计数字看，书面上（不管是老舍的剧作还是陈建功的小说），“去+VP”和“VP+去”的出现频率几乎一样；而在口语里，“VP+去”的出现频率比“去+VP”高得多。老舍和陈建功都是北京人。可以想见，他们在日常口语里主要用“VP+去”说法，不怎么用“去+VP”说法；可是现在在他们作品里这两种说法竟用得一样多。我们认为，上述情况既反映了书面语与口语的差异，更反映了普通话与北京话的差异。据我们大略的了解，北方方言，特别是北京话，主要用“VP+去”说法，不大用“去+VP”说法；西南官话、下江官话、闽方言、粤方言、湘方言、吴方言等则主要用“去+VP”的说法。而这两种说法，普通话书面语中都吸收了。

我们仔细分析了他们作品中分别属于 F 类的“去+VP”的句子和“VP+去”的句子，发现这两种说法在他们作品里是有一个大概的分工的。

I. 意在强调施动者从事什么事情，而不在强调施动者位移的运动趋向时，一般用“去+VP”的说法。例如：

(1) 你呀，小伙子，挺起腰板来，去争碗干净饭吃，不好吗？（老舍《茶馆》）

(2) 我们要去为人民服务，你们老太太有什么权利拦着我们呢？（老舍《女店员》）

(3) 她说，为了别人的幸福，她可以平平静静地去死！（陈建功《萱草的眼泪》）

(4) 先去打通我妈妈的思想吧！（老舍《女店员》）

(5) 这年头领导得忙乎多少事，可你……不知深浅，越忙越添乱，为点子屁事去装骚达子！（陈建功《京西有个骚达子》）

分配执行什么任务当然属于从事什么事情的范畴之内，因此都无例外地用了"去+VP"说法。例如：

(6)我说，四十岁以上的去舀水，四十岁以下的去挖沟，合适不合适？(老舍《龙须沟》)

(7)玉娥，你要嫌爬山累得慌，咱们俩换换，你押轮船，我去爬山。(老舍《女店员》)

(8)好，我去送，你看家。(老舍《全家福》)

(9)咱们永远在一块儿，我去争钱，你去念书！(老舍《茶馆》)

(10)能弄得动的马上去掌握技巧，弄不动的赶紧想巧干的法子！(老舍《女店员》)

(11)你去，假若咱们真办个妇女商店，余志芳可以去卖鱼，玉娥可以去卖青菜，……(老舍《女店员》)

II. 如果意在强调施动者的位移，而不在强调位移后所从事的事情，则一般用"VP+去"的说法。例如：

(1)走，我们斗争他去！(老舍《龙须沟》)

(2)走，把这些赶紧告诉经理去！(老舍《女店员》)

(3)走吧，喝碗热茶去！(老舍《龙须沟》)

(4)起来，门口等着去，我给你们端面来！(老舍《茶馆》)

(5)屋里烤烤去！(老舍《龙须沟》)

(6)先生，你喝够了茶，该外边活动活动去！(老舍《茶馆》)

(7)大婶，等等，我拿件衣服去！(老舍《茶馆》)

(8)卫大妈，您在这儿等等我，我找他去！(老舍《女店员》)

(9)您等等，我给您叫车去！(老舍《茶馆》)

这些句子中都有明显衬托施动者要离开原场所意思的语句，如例(1)—(3)里的分句“走(吧)”；例(4)—(6)的表示“到……”义的处所状语“门口”“屋里”“外边”；例(7)—(9)的表示施动者需暂时离去请听话者稍候的“等等”。下面的一些句子虽无明显标记，但强调施动者位移的意思十分明显，因此也都用了“VP+去”的说法：

(10)你们谈吧，我拿饭去！(老舍《女店员》)
(11)她在哪个工厂？告诉我，我马上找她去！(老舍《全家福》)
(12)不信？团长在那儿，问去吧！(陈建功《流水弯弯》)

“去+VP”和“VP+去”的上述分工，从下面各组对比的例子里看得更清楚：

(1)a1. 男人都该去搞生产，先调走咱们俩中什么用呢？(老舍《女店员》)
a2. 去搞生产，咱们人人有分儿！(同上)
b. 他复员了，回来住几天，然后到工厂搞生产去。(老舍《全家福》)
(2)a. 我买这身儿为的是去开大会；我修的沟，我能不去参加落成典礼吗？(老舍《龙须沟》)
b. 开会去喽！快到时候啦！(同上)
(3)a. 都说北京女的比男的多，可京西不少的小伙子就是搞不着对象。怎么，他们都没个模样儿，歪瓜裂枣似的？要不，就是不争气，都是吃饱混天黑的主儿？错啦。不信你就去看看。出了三家口，漂亮小伙儿有的是。(陈建功《丹凤眼》)
b. 走吧，看看去！(老舍《全家福》)

(4)a. 来,我给你洗脚! 你去修沟,你跟政府一样的好,我愿意给你洗脚。(老舍《龙须沟》)

b. 这儿拜托您啦,我帮助挖沟去。(同上)

例(1)—(4)每一例的 a 句用“去+VP”,b 句用“VP+去”,而二者的 VP 相同;每例 a、b 句意思上的差别正是上文所说的 I 和 II 的差别。

老舍和陈建功不是同时代的作家。陈建功从事创作时想来未必去考察过老舍作品中这两种说法的使用情况。那么为什么在他们作品中这两种句式的使用情况如此吻合呢? 原来这两种句式在书面上的分工并不是他们二位的主观臆断,而是有客观的语言心理依据的。下面的情况很能说明这一点。

其一,我们作了这样一个调查,请先看例句:

(1)爸,我不想在公司里干事了,我想上学去,您同意吗?

(2)玉芳,走,上学去!

(3)妈,我上学去啦!

很清楚,例(1)里的“上学去”重在表示要从事学习的意思,相当于“要上学”;例(2)、(3)里的“上学去”意在表示离去的意思。例(1)—(3)都是口语对话,所以都用了“VP+去”说法。我们就这三个句子向十四位北京人请教:你感到这三个句子里的“上学去”哪一个可以倒过来说成“去上学”? 结果是异口同声:例(1)里的“上学去”可以倒过来,说成:

(4)爸,我不想在公司里干事了,我想去上学,您同意吗?

只是显得文气些;例(2)、(3)里的“上学去”不能倒过来说成“去上学”,硬要倒过来说也能懂,但这不是北京话。

其二,早有人已经注意到“去+VP”里的“去”有时动作意义已很空灵,没有什么实在的意思[16]。朱德熙先生曾指出,“用坚忍不拔的精神去克服困难”这句话里的“去”换成“来”,说成“用坚忍不拔的精神来克服困难”,意思没有多大区别;同样,“我们打算用这个办法去帮助他”,如将其中的“去”换成“来”(我们打算用这个办法来帮助他),意思也没多大区别,至多只有某种心理上的差异[17]。“去”和“来”是表示相反运动趋向的两个动词,为什么在“去/来+VP”格式里有时在意思表达上没有多大区别呢?原因就在于书面上的“去/来+VP”句式重在表示从事什么事情,而并不是要着意表示运动的趋向。因此,有些论著中干脆认为“来/去+VP”表示“意愿”,表示“要做某事”[18]。

其三,北京话里还有“去+VP+去”的句式,例如:

(1)你赶快去找去。(1407)[19]
(2)到岁数去考去,每年一次。(1302)
(3)还让我去给买去?(1209)

这种句式的产生还有待于探讨。这种句式既强调施动者从事某事情,又强调施动者位移的运动趋向。值得注意的是,这种句式里的后一个“去”在任何时候、任何情况下都不能换成“来”而使意思保持不变;可是前面那个“去”有时可用“来”替换而意思基本不变。如例(3)也可以说成:“还让我来给买去?”意思没多大区别。再如:

(4)他把人都得罪了,我去赔不是去?
(5)这事儿还得由您去跟大伙儿说去。

例(4)、(5)里的前一个“去”换成“来”,意思基本不变:

(6)他把人都得罪了,我来赔不是去?

(7)这事儿还得由您来跟大伙儿说去。

这也说明动词前的“去”主要不是用来表示施动者的位移。

总之,在普通话书面语里“VP+去”和“去+VP”都吸收了,但在使用上有一个大概的分工:“去+VP”意在强调施动者从事什么事,而不在强调施动者的位移,因此有时其中的“去”表运动趋向性的意思已经很弱;“VP+去”则意在强调施动者的位移,其中的“去”表运动趋向性的意思较强[20]。这种分工不一定是很严格的,但二者的不同倾向应该说在普通话书面语里是表现得比较明显的。正是这种分工要求我们不要将这两种格式随意换着说。

§6. 上文所讨论的“去+VP”和F类“VP+去”句式,也可以将它们归并为一个统一的句式[21]:

去$_a$+VP+去$_b$

在具体句子里,去$_a$和去$_b$可以只出现一个(只出现去$_a$,便是“去+VP”句式,只出现去$_b$,便是“VP+去”句式);也可以都出现(这便是“去+VP+去”句式);但是去$_a$和去$_b$不能都不出现,如都不出现,就不属于本文所要讨论的句式了。

附　　注

① “连谓结构”为朱德熙先生所用术语,包括一般所说的连动结构和递系结构。参见《语法讲义》第十二章,商务印书馆,1982年,北京。

② 参见朱德熙《语法讲义》§12.4.1。

③ 有的语法论著,把表示A义的“VP+去”里的“去”分析为补语,如刘月华、潘文娱、故韡《实用现代汉语语法》(外语教学与研究出版社,1983年,北京)、黄伯荣、廖序东《现代汉语》(甘肃人民出版社,1983年,兰州)等就持这种看法。我们不取这种看法。

④ 如果 V 后不带上数量词或“了”，而跟“去”直接组合，由此形成的结构“V+去”（占去、寄去、送去）就不能分析为连谓结构，得分析为述补结构。

⑤ “寄点儿钱去”有歧义，既可以理解为 A，又可以理解为 F。作 A 理解，不能换用“去+VP”的说法，作 F 理解，可以换用“去+VP”的说法。

⑥⑦ “乘飞机去”和“穿我的雨衣去”也都是有歧义的，既可以理解为 B，又可以理解为 F。同样，作 B 理解时不能换用“去+VP”的说法，作 F 理解时可以换用“去+VP”的说法。

⑧ 可以有“买回几斤白糖去”的说法，但是如果这句话能成立，那它是表示 A 义，而不是表示 F 义。

⑨ 参见马希文《关于动词“了”的弱化形式/°lou/》，《中国语言学报》一期。

⑩ 这话是可以说的，但意思跟原句完全不一样了，其中的“擦去”不能看作连谓结构“VP+去”，只能看作述补结构。

⑪ 这话也是可以说的，但意思也跟原句不一样了，这里的“说去”是述宾结构，而不能看作是连谓结构“VP+去”。

⑫ 这四部剧作是：《龙须沟》《茶馆》《女店员》和《全家福》。

⑬ 小说集的书名是《迷乱的星空》，百花文艺出版社，1981 年，天津。

⑭ 中国曲艺研究会主编《相声创作选集》，作家出版社，1957 年，北京。

⑮ 北京大学中文系语音实验室所藏 1982 年 11 月由汉语专业部分教师和 1979 年级语言班学生对北京话口语的调查材料，共 33 篇。

⑯ 参见朱德熙《语法讲义》§ 12. 4. 2 和吕冀平《汉语语法基础》300 页（黑龙江人民出版社，1983 年，哈尔滨）。

⑰ 参见朱德熙《语法讲义》§ 12. 4. 2。

⑱ 分别参见刘月华、潘文娱、故韡《实用现代汉语语法》443 页，《现代汉语八百词》“去”条。

⑲ “1407”“1302”“1209”都是北京话口语调查材料的编号。

⑳ 吕叔湘先生和赵元任先生都曾谈到过“去+VP”和“VP+去”，他们的看法基本一致，认为：（a）“去+VP”里的“去”是完备的动词，表方向（或说动向）；（b）“VP+去”里的“去”已虚化——吕先生认为已“从实义词变成辅助词了”表“先事相”（即“预言动作之将有”），赵先生认为是个“目的语助词”（particle of purpose）。我们的分析跟吕先生和赵先生的看法并不一致，当否请大家批评指正。

㉑ 这一点是由美国佛罗里达州立大学的陆孝栋先生提出的，我们认为他的意见可取，所以采纳了。

（原载《语言教学与研究》1985 年第 4 期）

周遍性主语句及其他

提要 周遍性主语句是指主语以一定形式强调其所指具有周遍意义的一种主谓句。本文描写分析了现代汉语里通过语法手段造成的三小类周遍性主语句，指出了这种句子所具备的三个特点。在此基础上论述了以下三个观点：1. 无论从语法形式或语法意义看，“什么也看不见”“一句话也不讲”“件件都要自己买”不是“前置宾语”句，而是周遍性主语句。2. 现代汉语里的主语不一定都是话题，周遍性主语句的主语就不是话题；主语和话题是两个不同层面上的概念。3. 话题有一定的形式标志：a. 非句子重音所在；b. 能在其后加上“是不是”形成反复问句；c. 能在其后加上前置连词，使句子成为一个分句。

§1. 引言

周遍性主语句是指主语以一定形式强调其所指具有周遍意义的一种主谓句。例如：

(1) 任何干部不能搞特殊化。

(2) 个个意气风发，斗志昂扬。

周遍性主语句有两种，一种是通过词汇手段形成的，如例(1)用具有任指作用的区别词“任何”[①]来强调主语所指的周遍性；一种是通过语法手段形成的，如例(2)是通过重叠量词“个”来强调主语所指的周遍性。本文只讨论用语法手段造成的周遍性主语句。为使行文简便起见，以下就径直把“用语法手段造成的周遍性主语句”称为周遍性主语句。

根据所运用的语法手段的不同,周遍性主语句可分为三小类:

A. 主语由含有表示任指的疑问代词的名词性成分所充任的周遍性主语句,例如:

(3)什么人都可以进去看看。

B. 主语由数词为"一"的数量短语所充任的周遍性主语句,例如:

(4)一个人也不休息。

C. 主语由含有量词重叠形式的名词性成分所充任的周遍性主语句,如上文所举的例(2),再如:

(5)家家都用上了煤气炉。

下面先对这A、B、C三小类周遍性主语句进行描写说明,进而讨论一些与之相关的问题。

§2. 关于A类周遍性主语句

众所周知,汉语里的疑问代词除了用于提问表示疑问外,还有两种用法,一是任指用法,即用以指某范围内的任何一个,任何一种,强调没有例外;二是虚指用法,即用以指不知道的,或说不出的,或不愿说出的人、事物、处所、时间等。这两种用法一般称之为"疑问代词的非疑问用法"[2]。A类周遍性主语句就是靠疑问代词的任指用法形成的。

A 类周遍性主语句的主语有三种情况：

A1. 主语直接由表示任指的疑问代词充任。例如：

(1) 谁都了解这个情况。
(2) 谁也不想去。
(3) 谁都很勇敢。
(4) 谁都不笨。
(5) 什么都好看。
(6) 什么也不便宜。

A2. 作主语的是一个在定语部分包含有表示任指的疑问代词的名词性偏正结构。例如：

(7) 谁家的孩子都得守这个法。
(8) 哪个单位的领导也不能特殊。
(9) 什么菜都很便宜。
(10) 谁做的菜他也不觉得好吃。

A3. 作主语的是个内中包含有表示任指的疑问代词的“的”字结构。例如：

(11) 做什么工作的都得有文化。
(12) 谁家的也不能去。
(13) 谁买的都便宜。
(14) 哪一家的都不那么听话。

上述 A 类周遍性主语句，不管是 A1、A2 或 A3，都有肯定与否定两种形式，谓语部分都总伴有“都、也”一类副词。以往的有关论著已经指出，“肯定句里‘都’比‘也’占优势，否定句里‘也’比‘都’占优势”。[3]这里需要补充说明的是，如果谓语由形容词性成分充任，肯定句只能用“都”，不给用“也”，如例(3)、(5)、(9)、(13)都不宜说成：

*谁也很勇敢。　　*什么菜也很便宜。
*什么也好看。　　*谁买的也便宜。

否定句用“都”用“也”都可以，如例（4）、（6）、（14）等。

§3. 关于B类周遍性主语句

B类周遍性主语句有一个明显的特点：只有否定形式，没有肯定形式。例如“一个人也不休息”没有相应的肯定形式“*一个人都休息”。

B类周遍性主语句的主语有两种情况：

B_1. 主语是个“数·量·名”结构。例如：

（1）一个人也不去。　　（3）一个房间也不干净。
（2）一个战士都没有伤着。　（4）一支笔都不好写。

“数·量·名”里的“名”也可以是个“的”字结构。例如：

（5）一个会写会算的也没有来。　（7）一件干净的也挑不出来。
（6）一个好的都没有见着。

B_2. 主语是个“数·量”结构（即数量词）。例如：

（8）一个也不走。（9）一位也没来参加。（10）一盏都不亮。

上述B类周遍性主语句，不管是B_1或B_2，谓语部分一般也都伴有“都/也”，但不像A类那样严格。当充任谓语的是“不/没+单个儿谓词”④时，“都/也”可以不出现。例如：

(11) 他起劲地在那儿叫卖了半天，过路的人仍然只是看看，仍然一个不买。

(12) 也不知道是他教育不得法，还是学生笨，教了半天，一个不会，把他气坏了。

(13)“他们来人了吗？”“工程局？一个没来。”

(14) 这橘子不酸，真的，一个不酸，不骗你。

关于B类，还有一个现象很值得注意，那就是如果谓语动词是个及物动词，它后面一般不带宾语，下面的句子不好说一定是错的，但听起来很别扭：

(15)? 一个学生也不认得这个字。

(16)? 一个孩子都不听他的话。

(17)? 一个人也不觉得这儿苦。

(18)? 一位老师都不想参加比赛。

例(15)—(18)的意思通常采用下面的说法来表示：

没有一个学生认得这个字(的)。 没有一个人觉得这儿苦。

没有一个孩子听他话(的)。 没有一位老师想参加比赛。

例(15)、(16)还可以采用下面的说法来表示：

这个字一个学生也不认得。 他的话一个孩子都不听。

§4. 关于 C 类周遍性主语句

C 类周遍性主语句的主语有两种情况：

C_1. 主语本身就是个量词重叠式。例如：

(1) 人人都想参加这次联欢晚会。
(2) 个个都容光焕发。
(3) 家家都已用上电灯了。
(4) 门门都不及格。

C_2. 主语是一个“量词重叠式+名词”的偏正结构。例如：

(5) 颗颗麦粒都很饱满。
(6) 条条大路都通北京。
(7) 顿顿晚饭都有鱼有肉。
(8) 件件家具都不是自己买的。

关于 C 类周遍性主语句，下面三点值得注意：

1. 肯定形式多于否定形式，特别是 C_2 句子，除了使用“不是……”这样一种否定形式外，其他否定形式很少用。下面的说法都是很别扭的：

?颗颗麦粒都不饱满。
?条条大路都不通北京。
?顿顿晚饭都没有鱼、肉。
?件件家具都不自己买。

2. 不管是肯定形式还是否定形式，谓语部分都只能用“都”，不能用“也”，即使在否定式里。我们不说：

*人人也想参加这次联欢晚会。　*颗颗麦粒也很饱满。
*门门也不及格。

在用“都”这一点上，也不如A类那么严格。有的似有强制性，非用“都”不可，如例（1）、（3）、（5）、（8）里的“都”就不能去掉，我们不说：

?人人想参加这次联欢晚会。　?颗颗麦粒很饱满。
?家家已用上电灯了。　?件件家具不是自己买的。

有的则没有强制性，如例（2）、（4）、（6）、（7）里的“都”全可以去掉，说成“个个容光焕发”“门门不及格”“条条大路通北京”等，其中的规律现在还不清楚。

3. 不是所有的量词都能重叠表示周遍意义，能重叠表示周遍意义的量词大约只占整个量词的12%左右，常见的有：个、根、条、张、人、家、层、包、页、件、节、颗、门、粒、样、年、天、场、双、碗、桶、网、箱、盘、顿等。

§5. 周遍性主语句的共同特点

上述三小类周遍性主语句有三个很重要的共同特点：

1. 一般主谓句，句子的自然重音在谓语上，而这些周遍性主语句，句子的自然重音都在主语上，而且一般都在主语的第一个音节上。[5]例如：

'谁都了解这个情况。　'哪一家的都不那么听话。
'什么也不便宜。　'一个人也不去。
'谁做的菜他也不觉得好吃。　'人人都想参加这次联欢晚会。

2. 一般主谓句既能在主语前加“是不是”，也能在主语后加“是不是”以形成反复问句。例如：

(1) 小玲考上清华大学了。——是不是小玲考上清华大学了？
小玲是不是考上清华大学了？

(2) 衣服给他撕破了。——是不是衣服给他撕破了？
衣服是不是给他撕破了？

而这些周遍性主语句，只能在主语前加“是不是”，不能在主语后加“是不是”以形成反复问句。例如：

(3) 谁都了解这个情况。——是不是谁都了解这个情况？
*谁是不是都了解这个情况？

(4) 一个人也不去。——是不是一个人也不去？
*一个人是不是也不去？

(5) 人人都想参加这次联欢晚会。——是不是人人都想参加这次联欢晚会？
*人人是不是都想参加这次联欢晚会？

3. 一般主谓句，当作为分句时，如要加连词，既可以加在主语前，也可以加在主语后。例如：

(6) 他拿了本地图出来。——如果他拿了本地图出来，……
他如果拿了本地图出来，……

(7) 他姐姐是个工程师。——虽然他姐姐是个工程师，……
他姐姐虽然是个工程师，……

而这些周遍性主语句，当作为分句时，如要加连词，只能加在主语之前，不能加在主语之后。例如：

(8)什么都觉得新鲜。——如果什么都觉得新鲜，……
　　　　　　　　　　*什么如果都觉得新鲜，……
(9)谁的办法也行不通。——既然谁的办法也行不通，……
　　　　　　　　　　　*谁的办法既然也行不通，……
(10)一盏灯也不亮。——因为一盏灯也不亮，……
　　　　　　　　　　*一盏灯因为也不亮，……
(11)门门都不及格。——即使门门都不及格，……
　　　　　　　　　　*门门即使都不及格，……

§6. 所谓“前置宾语”

早期的语法论著中有“宾语前置”（或“宾语倒装”）一说。经过1955—1956年那次关于汉语的主语和宾语问题的大讨论之后，现在已很少有人把“钱花完了”“精力也绞尽了”“这个字我不认得”“这样的事情谁肯干”“学生们功课做完了”[6]里的“钱”“精力”“这个字”“这样的事情”“功课”看作前置宾语了。但是，对于周遍性主语句，至今仍有人只承认“谁都要去”“一个人也不走”“个个都很勇敢”是主谓句，而不承认下面的句子也是主谓句：

(1)什么也看不见啦。　　(2)什么他也不知道。
(3)一句话也不讲。　　(4)一口水他都没喝。
(5)样样都得自己干。

他们认为例(1)—(5)里的“什么”“一句话”“一口水”“样样”等都是“前置宾语”。[7]

为什么要把例(1)—(5)看作前置宾语句,他们都没有说理由。其实,从句法上来看,例(1)—(5)跟上文介绍的周遍性主语句是同一种句式。

上面我们介绍各小类周遍性主语句时,有意都举的是施事主语句或形容词谓语句,这是大家都公认的主谓句。现在不妨把例(1)—(5)这些所谓前置宾语句(或称变式句)跟上文介绍的大家公认为主谓句的周遍性主语句比较一下,看看相同在哪儿,不同在哪儿。通过比较我们将不难发现:

一、这些所谓前置宾语句同样无一例外地具备§5.里所指出的三个特点。

1. 句子的自然重音也都在句首:

ˊ什么也看不见啦。　ˊ一句话也不讲。　ˊ样样都得自己干。
ˊ什么他也不知道。　ˊ一口水他都没喝。

2. 如果加“是不是”形成反复问句,也都只能加在句首,例如:

什么也看不见啦。——是不是什么也看不见啦?
　　　　　　　　　*什么是不是也看不见啦?
什么他也不知道。——是不是什么他也不知道?
　　　　　　　　　*什么是不是他也不知道?
一句话也不讲。——是不是一句话也不讲?
　　　　　　　　*一句话是不是也不讲?
一口水他都没喝。——是不是一口水他都没喝?
　　　　　　　　　*一口水是不是他都没喝?

样样都得自己干。——是不是样样都得自己干?

*样样是不是都得自己干?

3. 如果作为分句需加连词的话,也都只能加在句首,例如:

什么也看不见啦。——虽然什么也看不见啦,……

*什么虽然也看不见啦,……

一句话也不讲。——即使一句话也不讲,……

*一句话即使也不讲,……

样样都得自己干。——如果样样都得自己干,……

*样样如果都得自己干,……

二、从所表示的语法意义看,例(1)—(5)与上文介绍的周遍性主语句一样,也都表示周遍意义。

三、根据一、二两点所谈的,很显然例(1)—(5)这些句子跟上文介绍的周遍性主语句,从形式到意义存在着一系列平行现象。当然也有所不同,不同的是,例(1)—(5)里的"什么""一句话""一口水""样样"是后面谓语动词的受事,而不是施事。

如果我们承认上文介绍的A、B、C三小类句子是主谓句;如果我们承认受事成分能作主语,即承认"钱花完了""这个字不认得""信寄了"跟"他花完了""我不认得""我寄了"一样是主谓句,那末我们就没有理由不把例(1)—(5)也看作是周遍性主语句,就没有理由硬要把这些句子看作是"前置宾语句"。

我们认为,下面这种句子也都属于我们所说的周遍性主语句:

(6)哪一天都忙得要命。

(7)哪个地方都买不到适合我穿的衣服。

(8)一天也闲不下来。

(9)一次也没有看过。

(10)顿顿都吃米饭。

(11)回回都吃败仗。

因为这些句子跟上文介绍的周遍性主语句之间也存在着一系列句法上的平行现象。

§7. 主语≠话题

赵元任先生认为,在汉语里把主语和谓语分别看作话题(topic)和陈述(comment,或译为述题)比较合适。[8]朱德熙先生也持这种看法,认为从表达的角度说,主语是话题,谓语是陈述。[9]在这里,我们不打算就国内外一些学者关于汉语句子里的主语和话题的种种说法作什么评论,我们只想指出,就汉语而言,主语不一定就是话题,话题也不一定就是主语。

必须指出,主语和话题是两个不同层面上的概念。主语是从词与词之间的语法结构关系的角度说的,它是句法学(syntax)里的概念;话题则是从表达的角度说的,它是语用学(pragmatics)里的概念,二者不能画等号。

事实告诉我们,主语不一定都能是话题。首先,句子平面上才可能有话题,词组平面上的主语绝不可能是话题。试比较:

(1)
- 小王开汽车。
- 皮儿软了。
- 他不想参加。

(2)
- 小王开汽车的时间不短了。
- 皮儿软了的好吃。
- 这就是他不想参加的原因。

在(1)、(2)两组例子里都含有“小王开汽车”“皮儿软了”“他不想参加”这些主谓结构。但是,在(1)组里这些主谓结构处于单说地位,即独立成句,其中的主语“小王”“皮儿”“他”都可以看作话题,而在(2)组里这些主谓结构处于被包含状态,仅作为词组,其中的“小王”“皮儿”“他”不是句子的主语,只是主谓词组里的主语,就不能成为话题。

其次,即使在句子平面上,句子的主语也不一定就是话题。举例来说,询问主语的特指问句,实际上就只有陈述,没有话题。例如:

(3)谁去?　　(4)哪一位要红茶?

例(3)、(4)里的“谁”“哪一位”是主语,但不是话题。同样,作为例(3)、(4)答话的例(5)、(6):

(5)老李去。(回答“谁去?”)

(6)我要红茶。(回答“哪一位要红茶?”)

尽管都是主谓句,但其中的主语“老李”“我”只是主语,而非话题。关于像例(3)—(6)里的主语不是话题这一点,日本学者小川郁夫在《中国语的“主语”问题》一文中已作了较好的论述。[10]

本文讨论的周遍性主语句,其主语也不能看作话题(理由见下文§8.)。

总之,汉语里的主语不一定是话题。反之,汉语里可以看作话题的也不一定非得是主语,某些居于句首的介词结构(如“在……”“对于……”“关于……”“至于……”等)就可以作为话题。例如:

(7)在房门的左边放着两个方凳。

(8)对于工资问题一般都比较关心。

(9)关于那起交通事故已向领导作了汇报。

(10)至于水泥另外再想办法。

因为像“在”“对于”“关于”“至于”这样一些介词,“它们用在句首,作用在指明话题”。[11]

§8. 汉语话题的形式标志

既然句法上的主语不一定是话题,句法上不是作主语的有可能是话题,那末根据什么来确定汉语里的话题呢?

我们认为,汉语里的话题有一定形式标志,这些形式标志就是:

1. 非句子的自然重音所在。换句话说,如果一个句子有话题又有陈述,那么句子的自然重音一定在陈述上,而不在话题上。

2. 能在其后加上“是不是”形成反复问句。换句话说,如果一个句子有话题又有陈述,那么在话题与陈述之间一定可以插入“是不是”,使句子变为反复问句。

3. 能在其后加上前置连词,使句子成为一个分句。换句话说,如果一个句子有话题又有陈述,那么在话题与陈述之间一定可以插入前置连词,使句子变为复句中的一个分句。

以上三条是确定汉语句子话题的形式标志。上文曾指出,本文所谈的周遍性主语句其主语不能看作话题(§7.),就因为这些句子虽是主谓句,但不具有作为话题的形式标志。下面的句子虽是主谓句,但其主语也不是话题,因为也都不具备作为话题的形式标志:

(1)电话联系吧。

(2)大碗盛。(回答“用什么碗盛?”)

(3)盆儿装吧。(回答“用盆儿装,还是用纸包?”)

(4)一个人干。(回答“几个人干?”)

例(1)—(4)句子的自然重音都不在谓语上,而是在句首第一个音节上;主语和谓语之间都不能插入“是不是”以形成反复问句;主语之后都不能加前置连词使之变成一个复句里的分句。汉语的事实告诉我们,汉语的句子可以只有陈述,而不出现话题,像例(1)—(4),以及上文举到的询问主语的特殊问句及其答话,以及本文所谈的周遍性主语句,便都是只有陈述而不出现话题的句子。⑫

上述三条确定话题的形式标志,除第一条外,朱德熙先生曾拿来作为识别主语以区别于状语的标志。⑬事实告诉我们,用这两条不足以区分“主谓”和“状中”,而拿来确定话题倒是有用的。这样一来,又产生一个新的问题:怎样从形式上来区分“主谓”和“状中”? 这还有待于我们去进一步探索。

附　注

① 参见朱德熙《语法讲义》§4.14,53页。商务印书馆,1982年,北京。区别词或称非谓形容词。

② 参见朱德熙《语法讲义》§6.16,93—94页。

③ 同上,93页。

④ 谓词包括动词和形容词。

⑤ 说得确切一点,重音都在表示周遍意义的那个词语的开头一个音节上。例如“做什么工作的都得有文化”(§2.例11),重音在“什”上。

⑥ 这些例子都摘自《汉语的主语宾语问题》一书(中华书局,1956年,北京)。

⑦ 分别见胡裕树主编《现代汉语》(增订本)382—383页,上海教育出版社,1981年,上海;吕冀平《汉语语法基础》206—207页,黑龙江人民出版社,1983年,哈尔滨;刘月华、潘文娱,故铧《实用现代汉语语法》270页,外语教学与

研究出版社，1983 年，北京。

⑧　参见赵元任《汉语口语语法》（*A Grammar of Spoken Chinese*）§ 2.4.1。

⑨　参见朱德熙《语法讲义》§ 1.3.5，17 页。

⑩　参见小川郁夫《中国語の「主語」をめぐる問題》，载名古屋大学中国文学研究室《中国语学文学论集》（第四辑），1984 年，日本国名古屋。

⑪　参见胡裕树《试论汉语句首的名词性成分》，载《语言教学与研究》1982 年 4 期。

⑫　同⑩。

⑬　参见朱德熙《语法答问》33—35 页，商务印书馆，1985 年，北京。

（原载《中国语文》1986 年第 3 期）

"V 来了"试析

提要　"V 来了"格式看着简单,实际不简单。从内部语法关系看,可以表示三种不同的语法关系:述宾关系、述补关系和连动关系;从内部构造层次看,可以有两种不同的构造层次:"V 来/了"和"V/来了"。"V 来了"所呈现的上述复杂情况都与出现在这一格式里的动词所具备的复杂的语义特征有关。本文对"V 来了"的分析是运用语义特征分析手段的一种尝试。

§0."V 来了"即"动词+趋向动词'来'+了",这是现代汉语里,特别是口语里比较常见的一种格式。例如:

(1)(他)以为来了。　　(2)(他)同意来了。

(3)(他)走来了。　　(4)(他)搬来了。

(5)(他)玩儿来了。　　(6)(他)休息来了。

这一格式看着简单,内中只包含三个词,其实内部结构情况很复杂。这正是我们对它发生兴趣的原因。本文将细致分析这一格式内部的语法关系和构造层次,着重分析说明这一格式所呈现的复杂情况都与出现在这一格式内的动词所具备的语义特征的复杂性有关。最后附带谈一下其中的"了"以及"V 来"格式。

§1."V 来了"的内部结构

"V 来了"可以表示三种不同的语法关系:

A. 述宾关系，如“以为来了|同意来了”；

B. 述补关系，如“走来了|搬来了”；

C. 连动关系，如“玩儿来了|休息来了”。

“V 来了”可以有两种不同的构造层次：[1]

I.“V 来/了”，

II.“V/来了”。

范继淹同志认定“V 来了”的构造层次都是“V 来/了”。[2]事实上，I、II 两种都有。在§0. 里所举的例(2)、(3)、(4)便属 I，即：

同意来/了　　走来/了　　搬来/了

而§0. 里举的例(1)、(5)、(6)便属 II，即：

以为/来了　　玩儿/来了　　休息/来了

(理由见下文§3.)

以上所说有根据吗？“V 来了”内部复杂的结构情况是由什么决定的？下面就来具体分析一下。

§2. 在§1. 里我们指出“V 来了”可以表示三种不同的语法关系。根据那三种不同的语法关系，我们可以相应地把“V 来了”分为 A、B、C 三类。本小节着重要说明的是，A、B、C 三类的区别跟动词 V 有关。

2.1　我们把能出现在表示述宾关系的 A 类格式里的动词称为 V_a，这是一个为数不多的封闭的类。常见的有以下一些：

认为　　以为　　觉得　　感到　　看(＝认为)

发现　　证明　　表明　　说明(＝证明、表明)

同意	赞成	决定	允许	答应
要求	请求	要(=要求)		反对
欢迎	盼望	希望		保证
相信	怀疑	知道	估计	听说
打算	想			

Va 类动词的语法特点很鲜明：

(1)都能带动词性宾语,这种宾语从语义上看都是“内容宾语”。

(2)都不能带实指的趋向补语。[3]

至此,A 类格式可以表示为“Va 来了”。“Va 来了”内部还有些复杂而有趣的情况,因此 Va 内部还有细分的必要,这将在 §3. 里进一步讨论。

2.2 我们把能出现在表示述补关系的 B 类格式里的动词称为 Vb,Vb 也是一个不大的封闭的类。常见的有以下一些：

上	下	进	出	过	回	起
走	跑	跳	奔	跟	追	逃
赶(赶路)		闯	冲	爬		
拿	送	取	抓	捞	拉	牵
拖	拽	抬	扛	搬	运	拔
捧	找	寻	抱	捉	拣(拣柴火)	
采	交	还	借	搞	买	弄
换	骗	哄	偷	抢	夺	寄
写	开(开汽车)		争取		搜集	

Vb 类动词大部分是单音节的。Vb 类动词的语法特点也很鲜明：

(1)不能带动词性宾语；

(2)能带实指的趋向补语。

至此，B 类格式可以表示为“V_b 来了”。

2.3　我们把能在表示连动关系的 C 类格式里出现而不能在 A 类和 B 类格式里出现的动词称为 V_c。$V_c = V-(V_a+V_b)$。V_c 是一个比较开放的类，下面略举些例子：

吃　看　喝　敲　埋　挂　洗

卖　睡　……

休息　洗澡　聊天　跳舞　看病

帮忙　祝贺　道歉　修理　汇报

玩儿　游泳　送行　欢送　学习

表演　……

V_c 类动词在语法功能上有两点值得注意：

(1)不能带动词性宾语；

(2)不能带实指的趋向补语。

至此，C 类格式可以表示为“V_c 来了”。

2.4　V_a、V_b、V_c 三类动词语法功能上的区别可列如下表：

	V_a	V_b	V_c
能否带动词性宾语	+	−	−
能否带实指的趋向补语	−	+	−

2.5　为什么同是动词而具有不同的语法功能从而造成不同的“V 来了”呢？原来这跟它们所具有的不同的语义特征有关。

从语义上看，V_a 类动词或表示认知(如“以为、认为、知道、估计”

等），或表示感知（如“感到、觉得、听说”等），或表示认可（如“同意、赞成、反对”等），或表示意愿（如“希望、盼望、打算”等），它们都与人的心理或感觉活动有关，我们姑且把 V_a 类动词的语义特征记为［+心理］。

从语义上看，V_b 类动词有一部分表示动作者的位移，如“上、下、进、出、走、跑、奔、追、逃、赶（赶路）、爬”等；有一部分则表示受动者的位移，如“送、拉、拖、拽、搬、运、交、还、买、抢、偷”等。有一部分似乎本身并不表示事物位移的意思，如“抱、搞、写、抓、找”等，但是这些动词在“V 来了”里出现的时候，整个格式明显地表示事物（受动者）的位移。例如：

他把柴火抱来了。
写来了两封信。
抓来了一个俘虏。
搞来了一批材料。
把他找来了。

显然，不管属哪种情况，V_b 类动词都具备［+位移］的语义特征。

为了了解 V_c 类动词的语义特征，有必要先进一步分析一下 C 类格式。

上文已经指出，C 类格式是个连动结构。“V_c 来了”这种连动结构有两点值得注意：第一，“来”都表示动作者的位移；第二，V_c 都表示带有动者位移目的性的行为动作。举例说，“他参观来了”，是说他来这儿的目的是参观；“我休息来了”，是说我来这儿的目的是休息。总之，C 类格式都表示动作者位移至新的处所（说话者所在的地方）是为了从事某种行为动作。这就是说，一个动词它所表示的行为动作如能成为动作者位移的目的性行为动作，才能进入“V_c 来了”格式，否则不能进入这一格式。如“笑”虽表示一种行为动作，但不能成为动作者位移的目的性行为，所以“笑”不能进入“V_c 来了”格式，即没有“*笑来了”的说法。因此，V_c 类动词的语义特征可以表示为［+目的性行为］。

2.6 经检验，V_a 都不能在 B 类格式里出现，反之，V_b 都不能在 A 类格式里出现。这意味着“V 来了”不可能造成一个既表示述宾关系又表示述补关系的歧义格式。换句话说，“V_a 来了”绝不可能是 B 类格式，“V_b 来了”绝不可能是 A 类格式。究其原因，就在于 V_a 类动词并不具备语义特征［+位移］，即：

V_a［+心理，-位移］

而 V_b 类动词并不具备语义特征［+心理］，即：

V_b［-心理，+位移］

我们在§2.3 里指出，$V_c = V-(V_a+V_b)$。因此，V_c 既不能在 A 类格式里出现，也不能在 B 类格式里出现，这是因为 V_c 类动词不具备语义特征［+心理］和［+位移］，即

V_c［-心理，-位移，+目的性行为］

但是，值得注意的是，能在 C 类格式里出现的动词不限于 V_c。

2.7 少数 V_a 动词，如“请求、欢迎、反对”等，也能出现在 C 类格式里，形成连动结构。例如：

(1) 年轻小伙子都要求参军，连不满十八岁的小铁柱也请求来了。

(2) 他们一听说老校长来了，便都涌出校门欢迎来了。

(3) 他们反对我，我不在乎，可我真想不到他也跟着反对来了。

但大部分 V_a 不能进入 C 类格式。这说明，V_a 可分为两小类：V_{a1} 和 V_{a2}。它们之间的区别如下：

	A 类	C 类
V_{a1}	+	−
V_{a2}	+	+

经检验,这跟 V_a 类动词的语义特征有关。原来 V_{a1} 只具备[+心理]语义特征,不具备[+目的性行为]的语义特征;而 V_{a2} 既具备[+心理]语义特征,又具备[+目的性行为]语义特征,即:

V_{a1}[+心理,-位移,-目的性行为]

V_{a2}[+心理,-位移,+目的性行为]

不难想见,由 V_{a1} 构成的“V_{a1} 来了”只能属 A 类格式,而由 V_{a2} 构成的“V_{a2} 来了”既可以是 A 类格式,也可以是 C 类格式。例如“他又反对来了”,这句话既可以理解为“他原先并不反对来,现在却又反对来了”的意思,也可以理解为“他又来表示什么反对意见了”的意思。按前者属 A 类格式,按后者属 C 类格式。可见,“V_{a1} 来了”是个单义格式,而“V_{a2} 来了”是个多义格式。V_{a2} 对 A 类格式来说,[+心理]这一语义特征是必要的,[+目的性行为]这一语义特征不是必具的;而对 C 类格式来说,[+目的性行为]这一语义特征是必要的,[+心理]这一语义特征则不是必具的。

2.8 V_b 类动词也有相当一部分能进入 C 类格式,形成连动结构。例如:

(1)小李你看,老张又找来了,看来他的车钥匙还没找着。

(2)小王,你也到这儿采来了?这儿蘑菇不多,我们到那边林子里采去吧。

(3)李老师要借的书你准备好了吗?李老师现在拿来了。

有些 V_b 类动词则不能进入 C 类格式,如“上、下、赶(赶路)、逃”等。这

说明 V_b 类动词也可以分为两小类：V_{b1} 和 V_{b2}。它们之间的区别如下：

	B 类	C 类
V_{b1}	+	−
V_{b2}	+	+

经检验，这也跟 V_b 类动词的语义特征有关。原来 V_{b1} 只具备[+位移]这一语义特征，不具有[+目的性行为]的语义特征；而 V_{b2} 不仅具有[+位移]这一语义特征，还具有[+目的性行为]这一语义特征，即：

V_{b1}[−心理，+位移，−目的性行为]

V_{b2}[−心理，+位移，+目的性行为]

V_{b1} 动词都是些单向动词，如趋向动词"上、下、进、出、过、回、起"和"走、奔、跟、赶、逃、扑"等。V_{b2} 包括了 V_b 里的全部双向及物动词，如"拿、取、抓、捞、交、还、搬"等，以及"跑、跳、追、闯、冲、爬"等几个单向动词。由 V_{b1} 构成的"V_{b1} 来了"是个单义格式，只能属 B 类格式；由 V_{b2} 构成的"V_{b2} 来了"是个多义格式，既可以是 B 类格式，也可以是 C 类格式。例如"他也爬来了"，这句话既可以理解为"他也爬到这儿来了"，这时属 B 类格式；也可以理解为"他也来这儿爬了"，这时属 C 类格式。又如"他拿来了"，这句话既可以理解为"他把某物品从别处拿到这儿来了"，这时属 B 类格式；也可以理解为"他来这儿拿某物品了"，这时就属 C 类格式。可见，V_{b2} 对 B 类格式来说，[+位移]这一语义特征是必要的，[+目的性行为]这一语义特征则不是必具的；V_{b2} 对 C 类格式来说，则[+目的性行为]这一语义特征是必要的，而[+位移]这一语义特征不是必具的。

2.9 从§2.7—§2.8 可知，能占据 C 类格式的动词，除 V_c 外，还有 V_{a2} 和 V_{b2}，因此 C 类格式应改写成：

$V_{c+a2+b2}$ 来了

这样，实际展现在我们面前的 A、B、C 三类格式是：

A. V_a 来了 = V_{a1+a2} 来了

B. V_b 来了 = V_{b1+b2} 来了

C. $\left.\begin{matrix} V_c \text{ 来了} \\ V_{a2} \text{ 来了} \\ V_{b2} \text{ 来了} \end{matrix}\right\} = V_{c+a2+b2}$ 来了

从另一个角度来描写“V 来了”,则是:

V_{a1} 来了——是单义格式,属 A 类。

V_{a2} 来了——是多义格式,既属 A 类,也属 C 类。

V_{b1} 来了——是单义格式,属 B 类。

V_{b2} 来了——是多义格式,既属 B 类,也属 C 类。

V_c 来了——是单义格式,属 C 类。

§3. 在§1. 里我们指出,“V 来了”内部可以有两种不同的构造层次:“V 来/了”和“V/来了”,现作进一步分析。

3.1　先看 B 类格式。

B 类格式表示述补关系,它的内部构造层次只能是“V_b 来/了”,理由是:

1. “了”字用零替换后,“V_b 来”仍站得住。这一点只是说明“V_b 来了”的构造层次有可能是“V_b 来/了”。

2. 作为述补结构,有一个很重要的特点,那就是在不借助于助词“得”而带结果补语或趋向补语的述补结构里,作补语的成分只能是一个简单形式——单个儿词。[④]在 B 类格式里包含的正是一个不借助于助词“得”而带趋向补语的述补结构(上来|走来|拿来)。因此 B 类格式只能分析为“V_b 来/了”,不能分析为“V_b/来了”。

3. “V_b 来了”里的“了”表示完成,它不仅表示“来”所表示的位移的完成,而且表示 V_b 所表示的动作的完成,就这一点说,“V_b 来了”也应分析为“V_b 来/了”。

3.2　再看 C 类格式。

C 类格式的内部构造层次只能是“V_c/来了”，理由是：

1.“了”字用零替换后，“V_c 来”就站不住。[⑤]这一点只是说明“V_c 来了”的构造层次有可能是“V_c/来了”。

2. C 类格式是个连动结构。现代汉语里的连动结构有这样两点值得注意：一是当连动结构的前一项为单个儿动词时，后一项便不能是一个单个儿动词（“去”是唯一的例外）；[⑥]二是单个儿趋向动词“来”绝对不能充任连动结构的后一项。[⑦]这两点限定了 C 类格式的构造层次只能是“V/来了”。

3.“V_c 来了”里的“了”只表示“来”所表示的动作者位移的完成，V_c 表示的行为是否进行不作肯定。就这一点说，“V_c 来了”该分析为“V_c/来了”。

3.3　现在来考察 A 类格式。

A 类格式表示述宾关系，但包含两种情况：

一是整个格式是个述宾结构，构造层次是“V_a/来了”，如“以为/来了”。我们把这一情况的 A 类格式称为 A_1 格式。

一是格式的主体部分是个述宾结构，构造层次是“V_a 来/了”，即 V_a 的宾语只是“来”，如“同意来/了”。我们把这一情况的 A 类格式称为 A_2 类格式。

A_1 和 A_2 的共同点是，动词 V_a 所带的宾语都是动词性的，从意义上看又都是“内容宾语”。二者的不同在于：（1）A_1 以“来了”为宾语，A_2 以“来”为宾语。（2）A_1 里的“了”是个动态助词，表示完成，附在“来”后面；而 A_2 里的“了”是个语气词，表示新情况的出现，附在“V_a 来”后面。因此，A_2 总含有一种变化的意思，“同意来了”是说先前不同意来，现在同意了；A_1 则不包含变化的意思。

A 类格式之所以会分成 A_1 和 A_2，这完全跟 V_a 动词内部的分化有关。

3.4 仔细观察一下就会发现,Va动词可以分化为三组:

Va-I:以为、认为、觉得、感到、看(=认为)、发现、证明、表明、说明(=表明、证明)

Va-II:同意、赞成、决定、允许、答应、要求、请求、要(=要求)、反对、欢迎、盼望、希望

Va-III:想、保证、相信、知道、估计、听说、打算

Va-I和Va-II的区别是十分明显的。Va-I动词要求所带的动词性宾语得是复杂的,即不接受单个动词作它的宾语。[8]例如:

认为:认为要考|认为考物理|认为考得不错|*认为考

觉得:觉得没增加|觉得应该增加些家具|觉得增加得不多|*觉得增加

发现:发现没有卖|发现在卖袖珍录音机|发现卖得很便宜|*发现卖

表明:表明早已完成|表明完成了计划|表明完成得很出色|*表明完成

Va-II动词则没有这种限制。例如:

同意:同意以后再卖|同意先卖自行车|同意卖得便宜些|同意卖

要求:要求马上完成|要求完成计划的一半|要求完成得好些|要求完成

允许:允许继续增加|允许增加经费|允许增加得多些|允许增加

反对:反对马上就考|反对考难题偏题|反对考得太多|反对考

由于 V_{a-I} 动词要求所带的动词性宾语一定得是复杂的，因此我们可以断定“V_{a-I} 来了”格式的内部构造层次一定是：

V_{a-I}/来了

而不可能是：

*V_{a-I} 来/了

“V_{a-I}/来了”正是 § 3.3 里所说的 A_1 格式。

然而由于 V_{a-II} 动词所带的动词性宾语既可以是复杂的，也可以是简单的，因此我们很难据此断定“V_{a-II} 来了”的构造层次，似乎分析为“V_{a-II}/来了”或“V_{a-II} 来/了”是都可以的。事实上并非如此。

我们不妨先看一下下面一对有趣的例子：

(1) 同意买了

(2) 同意卖了

例(1)只表示一种语法意义：原先不同意买，现在同意买了。例(1)的内部构造层次该是：

同意买/了

例(2)则能表示两种语法意义：一是“原先不同意卖，现在同意卖了”，这与例(1)相类似。按此语法意义，“同意卖了”的内部构造层次该是：

同意卖/了

二是“同意卖掉”，这是例(1)所不包含的。按此语法意义，“同意卖了”的内部构造层次该是：

同意/卖了

从上可知，例(1)是个单义格式，例(2)是个多义格式。

例(1)和例(2)为什么会有这种区别呢？经考察，这跟充任宾语的动词有关。不妨再多看些例子：

甲	乙
同意盖了	同意拆了
允许存了	允许扔了
要求修建了	要求砍了
决定画了	决定抹了
请求做了	请求烧了
赞成增加了	赞成删了
希望戴了	希望摘了
反对贴了	反对撕了

不难发现，无论甲组或乙组，充任述语的动词都是 V_{a-II} 动词。如果我们把充任宾语的动词记为 V_0，那末上面甲、乙两组例子从格式上来说都是“$V_{a-II}V_0$ 了”。但是，我们看到，甲组例子都与例（1）相同，都只表示一种意思；乙组例子都与例（2）相同，都能表示两种意思。甲、乙两组例子充任述语的动词是完全相同的，它们表意上的差别只能到 V_0 里去找。经分析发现，乙组例子里充任宾语的 V_0 动词“拆、扔、砍、抹、烧、删、摘、撕”以及例（2）里的“卖”都明显地含有共同的语义特征［+去除］；而甲组例子里充任宾语的 V_0 动词“盖、存、修建、画、做、增加、贴”以及例（1）里的“买”，则都不含有［+去除］这一语义特征。这就清楚地告诉我们，当 V_0 为含有［+去除］这一语义特征的动词，则由此形成的“$V_{a-II}V_0$ 了”述宾结构都能表示两种意思，都会有两种构造层次——“$V_{a-II}V_0$/了”和“V_{a-II}/V_0 了”；当 V_0 为不具有上述语义特征的动词，则由此形成的“$V_{a-II}V_0$ 了”述宾结构都只能表示一种意思，只有一种构造层次——“$V_{a-II}V_0$/了”。经检验无一例外。

现在回过头来看“V_{a-II} 来了”格式。我们不妨把“V_{a-II} 来了”看作“$V_{a-II}V_0$ 了”的一个实例。不难断定，趋向动词“来”并不具有［+去除］

这一语义特征。可见“V_{a-II} 来了”属于甲组例子。既然如此，它的构造层次就只能是：

V_{a-II} 来/了

综上所述，A 类格式的内部构造层次所以会有 A_1 和 A_2 两种情况，这完全跟 V_a 动词内部的进一步分化有关，即：

A_1：V_{a-I}/来了

A_2：V_{a-II} 来/了

必须指出，本小节内将 V_a 动词进一步分为 V_{a-I} 和 V_{a-II}，这跟 § 2.7 里将 V_a 动词分为 V_{a1} 和 V_{a2} 有着本质的不同。在 § 2.7 里对 V_a 动词的分类，根据的是 V_a 是否另具有[+目的性行为]这一语义特征，不具备的是 V_{a1} 动词，具备的是 V_{a2} 动词。而本小节里对 V_a 动词的进一步分化，根据的是所带的动词性宾语是否要求是复杂的这一点，要求所带宾语是复杂的是 V_{a-I}，否则是 V_{a-II}，因此只限制在 A 类格式范围内对 V_a 动词作进一步的分类，以帮助我们进一步认识 A 类格式内部所以会出现两种不同构造层次的原因。不过话又得说回来，我们将 V_a 动词分化为 V_{a-I} 和 V_{a-II}，其直接的依据确实是所带宾语是否要求是复杂的这一点，但是跟动词自身所具有的语义特征不无关系。上文 § 2.5 已指出，V_a 动词都具有[+心理]语义特征，它覆盖了表认知（如“以为，认为”等）、感知（如“感到、觉得”等）、认可（如“同意、反对”等）、意愿（如“希望、打算”等）的动词。我们发现，上述 V_{a-I} 动词都是表认知或感知的，我们姑且以[+心理（认知）]作为其语义特征的标记。上述 V_{a-II} 动词则都是表认可或意愿的，我们姑且以[+心理（意愿）]作为其语义特征的标记。这样，V_{a-I} 和 V_{a-II} 的区别从它们所具有的语义特征看可分别描写如下：

V_{a-I}[+心理（认知）]

V_{a-II}[+心理（意愿）]

现在说 V_{a-III} 动词。V_{a-III} 似乎同 V_{a-II},它后面所带的动词性宾语可以是复杂的,也可以是简单的。例如"估计",可以说"估计明天演""估计演《将相和》""估计演到下星期三"等,也可以说"估计演"。但事实上与 V_{a-II} 不同,这主要表现在当 V_{a-III} 动词出现在"V_a 来了"格式里,则整个格式既可以理解为 A_1 类,也可以理解为 A_2 类。例如:

(他)估计来了 ＜ A_1:(他)估计已经来了
A_2:(他)原先估计不来,现在又估计来了

我们有理由认为,V_{a-III} 不是 V_a 中独立的一小类,它是兼 V_{a-I} 和 V_{a-II}。这在动词"想"上表现得最为明显。请看:

(我)想来了 ＜ A_1:(我)想已经来了
A_2:(我)原先不想来,现在又想来了

按 A_1 理解,"想"相当于 V_{a-I} 里的"认为";按 A_2 理解,"想"相当于 V_{a-II} 里的"希望"。"想"既具备[+心理(认知)]语义特征,又具备[+心理(意愿)]语义特征。因此 V_{a-III} 所具备的语义特征是[+心理(认知+意愿)]。

3.5 根据以上所述,从内部构造层次看,"V 来了"可作如下的分类描写:

I."V 来/了",这包括:

A_2 类:V_{a-II} 来/了

B 类:V_b 来/了

II."V/来了",这包括:

A_1 类:V_{a-I}/来了

C 类:$V_{c+a2+b2}$/来了

§4. 现在说说"V 来了"里的"了"。

一般将"了"分为两个,一个是动态助词,"表示动作处于完成状态";一个是语气词,"表示新情况的出现"。[9] 上述 A_1、C 类格式里的

“了”，毫无疑问是动态助词“了”；A_2 类格式里的“了”，毫无疑问是语气词“了”。B 类格式里的“了”是动态助词“了”还是语气词“了”呢？朱德熙先生（1982）在谈到“了”时指出，北京话里有两个“了”，一个是动词后缀“了”（朱先生把一般人认为的动态助词都看作动词后缀），一个是语气词“了”。“动词后缀‘了’只在句中出现，不在句尾出现；语气词‘了’只在句尾出现，不在句中出现。”[10]“V_b 来了”可在句中出现，也可以在句尾出现。例如：

（1）忽然跑来了一个孩子。

（2）昨天他拿来了一筐苹果。

（3）叫他来他不来，不叫他来他却跑来了。

（4）你要的书他拿来了。

例（1）、（2）“跑来了”“拿来了”处于句中，其中的“了”肯定是动态助词“了”。例（3）、（4）“跑来了”“拿来了”处于句末，其中的“了”是否就是语气词“了”呢？朱德熙先生又曾指出，“如果句尾‘了’前边是动词，这个‘了’可能是语气词，也可能是动词后缀‘了’和语气词‘了’的融合体”。[11]根据朱先生的分析，我们可以肯定例（3）、（4）里的“了”是语气词“了”，至少它是两个“了”的融合体。这样，我们可以说 B 类格式“V_b 来了”里的“了”可以是动态助词“了”，可以是语气词“了”。

假如我们将动态助词“了”记为“了$_1$”，将语气词“了”记为“了$_2$”，那末“V 来了”格式可分别描写为：

A_1：$V_{a\text{-}I}$/来了$_1$

A_2：$V_{a\text{-}II}$ 来/了$_2$

B：V_b 来/了$_{1/2}$[12]

C：$V_{c+a2+b2}$/来了$_1$

§5. 凡构造层次为"V来/了"的(包括A_2类和B类),格式里的"了"可以去掉,去掉"了"以后,"V来"仍然成立。凡构造层次为"V/来了"(包括A_1类和C类),格式里的"了"都不能去掉,去掉后"V来"就不成立。这说明,现代汉语里的"V来"格式只能表示述宾关系或述补关系,不能表示连动关系。

一般把趋向动词里的"来"和"去"归为一类,称为"来类",以便跟"上、下、进、出……"这类单纯趋向动词(一般称为"上"类)和"上来、下去、进来、进去……"这类复合趋向动词(一般称为"上来"类)相对立。[13]但是,这并不意味着"来"和"去"在语法功能上没区别。在"V来""V去"格式上就表现出明显的区别:"V来"只能表示述宾关系或述补关系,不能表示连动关系;"V去"则上述三种关系都能表示,例如:

(1)我想去。
(2)请你把书送去。
(3)我参观去。

例(1)"想去"是述宾结构,例(2)"送去"是述补关系,例(3)"参观去"是连动结构。

"来"和"去"都是以说话人位置为坐标、表趋向的位移动词,但二者的位移方向正相反。"来"表示的位移方向是朝着说话人的,"去"表示的位移方向则是背着说话人的。可见,"来"和"去"所具备的语义特征同中有异,而正是这种语义特征上的差别使它们在用法上有所差别。

§6. 近年来,汉语语法学界开始试用语义特征分析手段,来探究造成歧义格式的深入一步的原因。[14]本文也是运用这种分析手段的一种尝试,很想听到同人的批评意见。

附　　注

① 由于“V 来了”里的“了”是个虚字成分，所以“V 来了”不可能有“V/来/了”三分的构造层次。

② 参看范继淹《动词和趋向性后置成分的结构分析》，《中国语文》1963年第2期。

③ 实指的趋向补语是指实际表示事物位移的趋向补语。趋向补语有许多引申用法，如“吵起来了”“说下去”“说来话长”里的“起来”“下去”“来”表示的是引申意义，与事物位移的趋向无关。这里所说的实指的趋向补语不包括这些引申用法。

④ 似乎也能见到例外，如可以说“写/大了点儿”，其实这是“写得大了点儿”（带“得”的述补结构）的紧缩形式（参看朱德熙《语法讲义》§9.11），因此不属于不借助“得”带结果补语的述补结构。

⑤ 似乎也可以见到“玩儿来”“休息来”的格式，例如：“我刚才去玩儿来”“我中午上办公室休息来”，其实这里的“来”不作趋向动词看，是助词“来着”的变体（范继淹文 1963）。另外，某些方言里有“（我）以为来”说法普通话里这句话要说成“我以为要来”。

⑥ 连动结构的前一项为“来”或“去”时，后一项可以是单个儿动词，例如“你来看”“我去买”。当连动结构的前一项为单个儿动词时，后一项不能是一个单个儿动词，“去”是唯一的例外，如“我买去”“我拿去”（=我去拿）。

⑦ 理由见本文§5.。

⑧ Va-I 动词可以接受单个儿形容词或单个儿能愿动词作宾语，前者如“以为好”“认为脏”，后者如“以为可以”“认为应该”。“来”不是能愿动词，更不是形容词。

⑨ 参看朱德熙《语法讲义》§5.15.1，商务印书馆，1982年，北京。

⑩ 同上§5.15.5。

⑪ 同上§16.2.3。

⑫ “了 1/2”表示可能是“了 1”，也可能是“了 2”。

⑬ 同②。

⑭ 分别参看朱德熙《“在黑板上写字”及相关句式》（《语言教学与研究》1981年第1期）、《与动词“给”相关的句法问题》（《方言》1979年第2期）以及马庆株《时量宾语和动词的类》（《中国语文》1981年第2期）。

数量词中间插入形容词情况考察*

提要 现代汉语数量词中间,有时可以插入一个形容词,例如:只切了一片儿肉→只切了一薄片儿肉。但不是任何数量词中间都能插入形容词的,也不是任何形容词都能插入数量词中间的。本文详细考察了数量词中间插入形容词的情况,回答了以下的问题:什么样的数量词中间能插入形容词?什么样的形容词能插入数量词中间?数量词中间插入形容词要受到什么样的限制?数量词中间插入形容词表示什么样的语法意义?

§0. 现代汉语数量词中间,有时可以插入一个形容词,[①]例如:

只切了一片儿肉→只切了一薄片儿肉

喝了一杯白兰地→喝了一满杯白兰地

就吃了一牙西瓜→就吃了一小牙西瓜

我们都吓了一跳→我们都吓了一大跳

但不是任何数量词中间都能插入形容词的。像"一出(戏)""一顶(帽子)""一副(手套)""一句(话)""一所(学校)"等数量词中间就都不能插入形容词。因此在教学中,外国留学生常常会提出这样的问题:什么样的数量词中间能插入形容词?数量词中间插入形容词要受到哪些因素的制约?数量词中间能插入什么样的形容词?为了搞清楚这些问题,我们对数量词中间插入形容词的情况作了一个初步的考察。现将考察所得报告如下。

§1. 对量词的考察。

我们先对量词进行了考察。在我们所考察的630个常用量词(包括借用量词)中,[②]只有129个量词组成的数量词中间能插入形容词,约占量词总数的20%。

现代汉语里的量词,我们可把它细分为四小类:动量词("次、趟、阵"等)、时量词("天、年、分、秒"等)、度量衡单位量词("斤、公尺、公顷、升"等)和名量词("个、张、支、条、碗、杯"等)。在上面所说的129个量词中没有度量衡单位量词,这就是说度量衡单位量词所组成的数量词中间不能插入形容词。[③]

在上面所说的129个量词中,有9个动量词,现列举如下:

把1[④](多亏你拉了他一大把)
板(打了他二十大板)
场1(哭了一大场|吵了一大场)
顿(批评了他一大顿|被他说了一大顿)
口1(咬了我一大口)
圈(转了一大圈又转回来了)
跳(吓了我一大跳)
通(我妈也说了我一大通)
阵(大伙儿闹了一大阵才走的)

由这些动量词组成的数量词中间,只能插入形容词"大"。

时量词只有3个,它们是:

年(干了一整年)
天(走了两整天)

夜(写了一整夜)

由这些时量词组成的数量词中间只能插入“整”。

在上面所说的 129 个量词中大多数是名量词,共 117 个,其中专用量词 58 个,现列举如下:

把 2(她随手往兜里抓了一大/小把花生)

版(今天《北京日报》第四版登了一大/整版广告)

帮(来了一大帮人)

本(他写了一大/厚本小说|我只看了一小/薄本儿书|写了一整本日记)

笔(这次他赚了一大/小笔钱)

瓣(他只吃了一小瓣儿橘子|我也吃了一大/小瓣儿生蒜)

步(往前跨一大/小步)

部(一整部影片没几句对白)

层(窗台上积了一厚层土|铺了两厚层垫子)

册(那《辞源》一共有四大/厚册)

场 2(前年生了一大场病,差点儿把我的老命给送了|下了一大场雹子,把庄稼全毁了)

串(给平平买了一大/小/长串糖葫芦|一整串烤羊肉没一块熟的)

撮 1(cuō)(那一小撮坏蛋非严厉打击不可)

撮 2(zuǒ)(留着一小撮胡子)

沓(他从皮包里拿出一大/小/厚沓钞票)

栋(他自己也盖了一大/小栋楼房)

嘟噜(吃了一大/小嘟噜葡萄)

段(这一大/小/长段话,说的什么意思呀|花了一大/小/长段

时间|跟他要了一大/小/长段铁丝|这一整段话都是抄来的)

队(来了一大/小/长队人马)

朵(天空飘着一小朵云彩|她摘了一小朵花儿|胸前别了一大朵红缎子花)

份(她把剩下的一点大米又分成四小份|这一大份饭我怎么吃得下呀)

幅(这一大/小/整幅画花了他半年的心血)

个(小玲吃了一大/小个馒头)

根(切了一大/小根葱|一整根木头全给蛀空了)

股(他肚子里还有一小股气呢|那一小股队伍往山里去了|那一小股线吃得住吗)

间(租了一大/小间屋子)

件(肩上扛着一大/小件行李)

角(吃了一小角月饼)

节(买了一大/小/长节藕)

棵(洗了两大/小棵白菜|用了一整棵白菜)

颗(几乎每一张荷叶中间都盛了一大/小颗晶莹的露珠|他在墙上钉了一大/小颗钉子|也不知他从哪儿弄来了一大/小颗钻石)

块(吃了一大/小块点心|你看,那一大/整块木板全给你糟蹋了|就用了你那一小块木板值得你发那么大火吗)

粒(你别小看这几小粒黄豆,这是我们花了多大的心血才培育得到的良种)

列(那一长列火车风驰电掣般地开过去|一整列火车装的都是煤)

绺(发现门边上挂着一小绺头发|还剩一大/小绺毛线)

面(她买了一大/小面镜子)

泡(拉了一大泡屎|撒了一大泡尿)

批(运来了一大批货物)

片1(她选了一大/小片枫叶|切了一大/小/薄片肉)

片2(屋外是一大片草地|他们在浅海滩养殖了一大片海带|天似乎也故意跟他作对似的,一大片乌云压得他喘不过气来)

篇(写了一大篇日记|就写了那么一小篇文章,有什么了不起的|一整篇文章没有一句废话)

匹(用了一大/小/整匹白布)

票(做了一大/小票生意)

群(来了一大群人)

束(手上拿着一大/小束郁金香)

套(书柜里是一整套莎士比亚全集|他有一大/整套想法)

滩(地上有一大/小滩血)

条(吃了一大/小条黄瓜|脸上有一长条伤疤|一整条鱼他一个人全吃光了)

头(不一会儿工夫,那群狼把一整头牛都给吃光了|我也吃了一小头生蒜)

团(茶几上搁着一大/小团毛线)

坨(大门上也有一大/小坨泥巴)

丸(睡觉前服了一大/小丸银翘解毒丸)

牙(我也吃了一大/小牙西瓜)

张(用了一大/小/整张纸)

枝[5](头上插着一小枝花儿)

只(他胃口大着呢,恨不得把一整只羊一口吞下|三个人吃了一大只烤鸭)

株(几盆君子兰都给偷走了,现在只剩下一小株幼苗)

座(盖了一大/小座楼房)

由这些专用量词组成的数量词中间可以插入“大”“小”“厚”“薄”“长”或“整”，但情况又有不同。请看下表：

能插入的形容词	所用量词
大	帮、场2、泡、批、片2、群
小	撮1、撮2、股、角、粒、枝、株
厚	层
整	部
大/小	把2、笔、瓣、步、栋、嘟噜、朵、份、个、间、件、颗、绺、面、票、束、滩、团、坨、丸、牙、座
大/厚	册
大/整	版、套、头、只
长/整	列
大/小/厚	沓
大/小/薄	片1
大/小/长	队、节
大/小/整	幅、根、棵、块、匹、篇、张
大/小/厚/薄/整	本
大/小/长/整	串、段、条

另有59个借用量词，其中借自动词的有18个，它们是：

包（买了一大/小包瓜子儿|桌上放着一大/小包点心|一整包棉花全霉烂了）

抱（这一大抱柴火够一顿野餐用的了）

担（挑了一大/满担稻草）

滴（衣服上滴了一大/小滴油）

叠（桌上放着一大/小叠文件）

堆（院子里聚了一大堆人|院门左边堆着一大/小堆土|他摆了一大堆理由）

垛（院子里堆着一大/小垛柴火）

截（差了一大截|吃了一大/小截黄瓜）

卷(自行车后座上绑着一大/小卷席子|一整卷纸全用完了)

捆(买了一大/小捆菠菜|一整捆韭黄用剩那么一点儿了)

溜(事务所门口停了一大/长溜小汽车)

摞(门口堆着大/小一摞砖|床头摆了一大/厚摞书)

排(路东是一大排平房)

捧(她捧了一大/小捧红枣给小莹)

掐(华大婶从自留地里掐了一小掐嫩葱)

摊(这一大摊事儿把他忙得够呛)

扎(他买了一大/小扎信封)

由这些量词形成的数量词中间,可以分别插入“大、小、整、满、长”,其具体情况又各不相同:

能插入的形容词	所用量词
大	抱、排、摊
小	掐
大/小	滴、叠、堆、操、截、捧、扎
大/长	溜
大/满	担
大/小/厚	摞
大/小/整	包、卷、捆

借自名词的有41个,现在列举如下:

杯(斟了一大/小/满杯葡萄酒)

铲(王义仁又往坟头加了一大/小铲新土|又往炉子里添了一满铲煤)

仓(囤了一满仓小麦)

槽(那一满槽猪食全吃光了)

船(装了一大/小/满船西瓜|他把一整船西瓜都送给了战地医院)

车(运了一大/满车白菜|推了一小车煤|说了一大车谎话|那一整车白菜只能换回几公斤钢)

匙(喂了三小/满匙牛奶)

袋(给了他一大/小袋绿豆|一满袋瓜子儿只剩那么点儿了|那一整袋面粉都给偷走了)

碟(下酒菜就一小碟儿花生米|那一大碟牛肉松还不够你吃啊|一满碟四川泡菜一会儿就吃没了)

兜(你这一大/满兜红枣从哪儿弄来的啊|就这一小兜儿红枣)

囤(还有一大/满囤麦子)

缸(挑了一大/小/满缸水)

管(一人发了一大/小管牙膏|一满管牙膏怎么就剩这么一点儿了)

罐(送了一小/大/满罐猪油|一整罐猪油都吃完了)

锅(煮了一大/小/满锅大米饭)

盒(手里提了一大/小盒点心|那一整/满盒点心两天就吃完了)

壶(一大/满壶凉开水都喝光了|打了一小壶白酒)

窖(这一大/满窖白菜够吃一个冬天的了)

口2(嘴里含了一大/小/满口酒)

口袋(背了一大/小/满口袋粮食)

筐(他们三个人分了一大/小/满筐苹果|那一整筐西红柿没几个好的)

篮(巧姑提了一大/小/满篮鸡蛋|他把一整篮蘑菇全送人了)

笼(蒸了一大/小/满笼豆沙包)

垄(种了一小垄刀豆)

盘(端上来一大/小/满盘五香牛肉)

盆(张婶又端了一大/小/满盆橘子来)

瓢(舀了一大/小/满瓢水)

瓶(打了一大/小/满瓶醋|一整瓶白酒一口气全喝了)

笸箩(去年自留地里收了一大/小/满笸箩芝麻)

畦(今年就种了一小畦韭菜)

勺(我又加了一大/小/满勺糖)

坛(前天他买了一大/小坛绍兴酒|一满/整坛酒都喝光了)

屉(蒸了一大/小/满屉水晶包)

筒(装了一大/小/满筒茶叶|一满筒油都给分光了)

桶(打了一大/小/满桶水)

碗(盛了一大/小/满碗饭)

箱(带了一大/小/满箱书|一整箱啤酒都给喝了)

眼(挖了一小眼井)

窑(烧了一大/满窑砖)

桌(摆了一大/满桌菜)

盅(斟了一大/小/满盅酒)

由这些量词形成的数量词中间基本上都能插入"大、小、满",只有少数例外,具体情况如下:

能插入的形容词	所用量词
小	垄、畦、眼
满	仓、槽
大/满	囤、窖、窑、桌
小/满	匙
大/小/满	杯、铲、碟、兜、缸、管、锅、壶、口 2、口袋、笼、盘、盆、瓢、笸箩、勺、屉、桶、碗、盅
大/小/满/整	船、车、袋、罐、盒、筐、篮、瓶、坛、筒、箱

§2. 对数词的考察。

上面列举的129个量词所形成的数量词中间能插入形容词，但也不是任何这类数量词中间都能插入形容词的。例如，我们可以说“写了一厚本书”“挑了一满缸水”，但是不能说“*写了十厚本书”“*挑了十二满缸水”。这是因为数量词中间能否插入形容词，还要受到数词的制约。

从数词的角度看，可插性最高的是数词为“一”的数量词。在我们所搜集的328个例子中，形容词插入数词为“一”的数量词中间的例子有289个，占88.1%。§1.里列举的129个量词，凡和“一”组成的数量词，无一例外地中间都能插入形容词。其中有29个量词所形成的数量词，当数词为“一”时，中间才能插入形容词。现列举如下：

△(拉我)一大把1
(哭了)一大场1
△(加了)一小捏胡椒面儿
△(吓了)一大跳
△(说了我)一大通
△(闹了)一大阵
△(来了)一大帮人
(生了)一大场2病
(这)一小撮(cuō)坏蛋
(来了)一大队人马
(吃了)一大个馒头
(有)一小股气
(吃了)一小角月饼
一长列火车
△(被他说了)一大顿
(转了)一大圈儿
△(停了)一大溜汽车
(挂着)一小绺头发
一大片森林
一大群野马
一整套想法
(抱了)一大抱柴火
△(摆了)一大堆理由
(建了)一大排平房
(捧了)一小捧红枣
(掐了)一小掐嫩葱
△(还有)一大摊事儿
一整部电影
△(留了)一小撮(zuǒ)胡子

（加△号的，其量词只能跟“一”组合）

由表示不定数的数词“几”组成的数量词，其可插性虽远不如“一”，但高于其他数词。在328例中有15例，占4.6%，涉及的量词有“本、把、车、粒、畦”。例如：

那几厚本账簿我都带来了。

他一连往自己口袋里抓了好几大把枣儿。

光家具，就运了好几大车。

他们一天只能吃上几小粒盐。

青椒种了没几小畦。

数词为“二”至“十”的例子有21个，占6.4%，其中数词为“两”的有10例，数词为“三”的有2例，数词为“四”的有1例，数词为“五”的有4例，数词为“八”的有3例，数词为“十”的有1例，涉及的量词有“包、车、笔、盅、碟、间、杯、块、碗”。例如：

来贺喜的人走的时候都让带了两小包喜糖。

院子里停着两大车军用物资。

这两大笔钱不是小数目，怎么出账呢？

范老今天高兴，陪着客人也喝了三小盅白酒。

每张餐桌上都是四小碟各式不同的酱菜。

老冯头家这一回真是发了，才一年的工夫就盖起了五大间崭新的瓦房。

王三宝一连喝了五大杯啤酒，便觉得自己的脚变轻了，面前的桌子、柜子开始转起来了，……

这个狗杂种，落到老子手中，非卸他八大块才解我心头之恨！

一连灌了他八大碗。

数词为“十”以上的仅3例，占0.9%，量词都是“板”。例如：

看官试想，一个文弱书生，如何经得住这四十大板。

来人啊，拖下去先打二十大板，看他招也不招！

§3. 对形容词的考察

不是所有的形容词都能插入数量词中间，能插入的形容词仅仅只有7个：大、小、满、整、长、厚、薄。[6]

从量词的角度看，有107个量词形成的数量词中间能插入“大”，其中有18个量词形成的数量词中间只能加“大”，这18个量词是：

把1	板	帮	抱	场1	场2	顿	口1
排	泡	批	片2	圈	群	摊	跳
通	阵						

有93个量词形成的数量词中间能插入“小”，其中有12个量词形成的数量词中间只能插入“小”，现列举如下：

撮(cuō)	股	角	粒	垄	捏	哇
掐	眼	枝	株	撮2(zuǒ)		

有39个量词形成的数量词中间能插入“满”：

杯	△仓	△槽	铲	车	匙	船	袋
担	碟	兜	囤	缸	管	罐	锅
盒	壶	窖	口2	口袋	筐	篮	笼

盘　　盆　　瓢　　瓶　　筐箩　勺　　坛
屉　　桶　　筒　　碗　　箱　　窖　　盅　　桌

其中“仓、槽”两个量词（所形成的数量词中间只能插入某个形容词的量词，打有△号，下同）形成的数量词中间只能插入“满”。有 34 个量词形成的数量词中间能插入“整”，其中“部、年、天、夜、只”形成的数量词中间只能插入“整”，现全部列举如下：

版　　包　　本　△部　　车　　船　　串　　袋
段　　幅　　根　　罐　　盒　　卷　　棵　　块
筐　　捆　　篮　　列　△年　　匹　　篇　　瓶
坛　△套　△天　　条　　筒　　头　　箱　△夜
张　　只

形成的数量词中间能插入“厚”“薄”或“长”的量词很少，分别为 5 个、2 个、7 个，现分别列举如下：

本　△层　　册　　沓　　摞〔插入“厚”〕
本　　片〔插入“薄”〕
串　　段　　队　　节　　列　　溜　　条〔插入“长”〕

以上所述列如下表：

所用量词	能插入的形容词	所用量词	能插入的形容词
	大小厚薄长满整		大小厚薄长满整
把 1	+	场 1	+
把 2	+ +	场 2	+

（续表）

所用量词	能插入的形容词							所用量词	能插入的形容词						
	大	小	厚	薄	长	满	整		大	小	厚	薄	长	满	整
板	+							车	+	+				+	+
版	+						+	匙		+				+	
瓣	+	+						船	+	+				+	+
帮	+							串	+	+			+		+
包	+	+					+	撮 1		+					
抱	+							沓	+	+	+				
杯	+	+				+		袋	+	+				+	+
本	+	+	+	+			+	担	+					+	
笔	+	+						滴	+	+					
步	+	+						碟	+	+				+	
部							+	叠	+	+					
仓						+		栋	+	+					
槽						+		兜	+	+				+	
册	+		+					嘟噜	+	+					
层			+					段	+	+			+		+
铲	+	+				+		堆	+	+					
队	+	+			+			角		+					
顿	+							窑	+					+	
囤	+					+		截	+	+					
朵	+	+						节	+	+			+		
垛	+	+						卷	+	+					+
份	+	+						棵	+	+					+
幅	+	+					+	颗	+	+					
缸	+	+				+		口 1	+						
个	+	+						口 2	+	+					
根	+	+					+	口袋	+	+				+	
股		+						块	+	+					+
管	+	+				+		筐	+	+				+	+
罐	+	+				+	+	捆	+	+					+
锅	+	+				+		篮	+	+				+	+

（续表）

所用量词	能插入的形容词							所用量词	能插入的形容词						
	大	小	厚	薄	长	满	整		大	小	厚	薄	长	满	整
盒	+	+				+	+	粒	+						
壶	+	+				+		列					+		+
间	+	+						绺	+	+					
件	+	+						溜	+				+		
笼	+	+				+		瓶	+	+				+	+
垄		+						笸箩	+	+				+	
摞	+	+	+					畦		+					
面	+	+						掐		+					
年							+	圈	+						
捏	+							群	+						
排	+	+				+		勺	+	+				+	
盘	+							束	+	+					
泡	+	+				+		滩	+	+					
盆	+	+						摊	+						
捧	+							坛	+	+				+	+
批	+	+					+	套	+						+
匹	+	+					+	屉	+	+				+	
篇	+	+		+				天							+
片 1	+							条	+	+				+	+
片 2	+	+				+		跳	+						
飘	+	+						桶	+	+				+	
票	+							筒	+	+				+	+
通			+				+	扎	+	+					
头	+	+						张	+	+					+
团	+	+						阵	+						
坨	+	+						枝		+					
丸	+	+						只	+						+
碗	+	+				+		盅	+	+				+	
箱	+	+				+	+	株		+					
牙	+	+						桌	+					+	
眼	+							撮 2		+					
窑	+					+		座	+	+					
夜							+								

数量词中间插入形容词，其作用在于强调量的大小，带夸张语气。插入形容词“大、厚、长、满、整”，意在强调量大；插入形容词“小、薄”，意在强调量小。由于插入“大、厚、长、满、整”意在强调量大，所以由此形成的数量短语不能跟“言少”的“只、仅仅”[⑦]共现，我们不说：

> *小玲只/仅仅吃了一大个馒头。[⑧]
> *老王只/仅仅装了一满筐苹果。
> *他只/仅仅有一整套想法。
> *他只/仅仅记了一厚本日记。
> *小红只/仅仅吃了一长串糖葫芦。

反之，由于插入“小、薄”意在强调量小，所以由此形成的数量短语，可以跟“言少”的“只、仅仅”共现，例如：

> 老杨只/仅仅吃了一小块饼干。
> 我只/仅仅加了一小勺糖。
> 说是大肉面，可一碗面里仅仅只有两薄片肉。
> 他只/仅仅看了一薄本书。

有些量词所形成的数量词中间还能同时插入两个形容词，例如“一大厚本书”“一大长段话”。[⑨]前一形容词限于“大”“小”，后一形容词限于“长”“厚”“薄”，其搭配规律是：

大{长/厚}　　小——薄

凡既能插入“大”，又能插入“长”的数量词，其中间就能同时插入“大长”。现以量词为纲全部列举如下（下同）：

串：写了一大长串符号|买了一大长串糖葫芦

段：中间有一大长段独自|拉了一大长段过门|弄来了一大长段铁丝

队：排了一大长队人

节：买了一大长节藕

溜：轿子后面跟着一大长溜人

条：爷爷钓了一大长条鱼

凡既能插入“大”，又能插入“厚”的数量词，其中就能同时插入“大厚”。现全部列举如下：

本：腋下夹了一大厚本书

册：光天白日，一大厚册账本竟会不翼而飞

沓：掏出一大厚沓钞票|那一大厚沓卡片都是“把”字句的例子

摞：桌上放着一大厚摞文件

凡能插入“小”，又能插入“薄”的数量词，其中间就能同时插入“小”“薄”。现列举如下：

本：我只出了一小薄本书

片1：切了一小薄片肉|吃了一小薄片面包

数量词中间同时插入两个形容词，其语法意义仍是强调量的大小，带夸张语气。插入“大长”“大厚”，意仍在强调量大；插入“小薄”，意仍在强调量小。

§4. 从§1.—§3. 看，数量词中间能不能插入形容词，能插入什么样的形容词，要受到数词和量词，特别是量词的制约。事实告诉我们，除此之外，还要受到数量词所修饰的名词的制约。以下事实，很能说明这一点。

首先，我们看到，同一个数量词，修饰某些名词时，中间可插入形容词，而修饰另一些名词时，中间就不能插入形容词。例如，由量词“件”形成的数量词，当它修饰名词“行李”时，中间可插入形容词（一大/小件行李）；当它修饰“衣服、事情”时，中间就不能插入形容词（*一大/小件衣服|*一大/小件事情）。下面再举些类似的例子。

张：一大/小张纸|一大/小张地图|一大/小张烙饼

*一大/小张票子|*一大/小张扑克牌|*一大/小张床|*一大/小张脸|*一大/小张弓

场(cháng)：(下了)一大场雹子|(闹了)一大场病|(做了)一大场噩梦

(发了)一大场大水|(爆发了)一大场战争|*(打了)一大场官司|*(进行了)一大场斗争

其次，我们看到，同一个数量词，由于它所修饰的名词不同，中间所能插入的形容词也不同。例如，由“棵”组成的数量词，当它修饰“菜、草、树”等名词时，中间可插入“小”，也可插入“大”（一大/小棵菜|一大/小棵草|一大/小棵树）；但当它修饰“秧苗”时，中间只能插入“小”，不能插入“大”（一小棵秧苗|*一大棵秧苗）。下面举些类似的例子：

头：a. 一大/小头蒜|一整头蒜

b. *一大/小头牛|一整头牛

块：a. 一大/小/整块木板

b. 一大/小块点心｜*一整块点心

c. 一小块墨｜*一大/整块墨

堆:a. 一大/小堆西红柿〔具体名词〕

b. 一大堆意见｜*一小堆意见〔抽象名词〕

限于篇幅,不能在此列举更多的实例,但是以上事实足以说明,数量词中间能不能插入形容词,能插入什么样的形容词,数量词所修饰的名词是一个不可忽视的制约因素。

§5. 本文只是一个考察报告,并限于篇幅,所以对所考察到的种种现象未作进一步的解释。譬如说,数量词中间为什么能插入形容词?为什么只是上面列举的这些量词所形成的数量词中间能插入形容词?为什么能插入形容词的数量词其数词大多为"一"? 为什么形容词中只有"大、小、厚、薄、长、满、整"这七个能插入数量词中间? 等等。对这些问题的深入探究,肯定会获得一些意想不到的有趣的认识。

附　注

*　在考察和写作过程中,曾得到北京大学中文系冯世澄先生和刘一之女士(他们二位均为北京人)的许多帮助,谨在此深致谢意。

①　以往有少数语法论著对这一现象已有所注意,如朱德熙《语法讲义》(第四章§4.13.4,商务印书馆,1982年,北京)、刘月华等《实用现代汉语语法》(第三章第三节,外语教学与研究出版社,1983年,北京)等,但都未作进一步的论述。

②　主要根据《现代汉语词典》《现代汉语八百词·附录:名词、量词配合表》和中央民族学院语文系汉语文教研组1975年所编《现代汉语量词手册》(内部发行)所列举的量词。

③　有"三大两""四小两"这样的说法,但这不是"大、小"分别插入"三两""四两"中间所形成的格式,这里的"大两""小两"是作为重量单位量词来用的。

我们知道，我国的秤有新秤、老秤之分，新秤十两为一斤，老秤十六两为一斤。为分辨起见，一般称新秤的“两”为“大两”，称老秤的“两”为“小两”。“三大两”即指新秤的“三两”，“四小两”即指老秤的“四两”。

④ 量词“把”有多种用法：(a)用于有柄的器具，如“一把刀、一把茶壶、一把扇子”；(b)一手抓起的数量，如“一把米、一把花儿、抓了一把韭菜”；(c)用于某些抽象的事物，如“一把年纪、一大把力气”；(d)用于手的动作，如“拉他一把、揪他一把”。(参看《现代汉语词典》)不是所有的“数词+把”的数量词中间都能插入形容词，只在表示(b)、(c)、(d)意义时，“把”与数词形成的数量词中间才有可能插入形容词。本文的“把1”就是指(d)种用法，“把2”指(b)、(c)用法。下面列举的量词，有许多跟“把”的情况类似，为节省篇幅，不再一一说明。

⑤ 有人认为“枝”所形成的数量词中间也可以插入“大”，如“折了一大枝梅花”。但多数北京人认为不能这样说。我们还是从众。

⑥ 有人认为数量词中间还可以插入形容词“方”，如“一方盒糖”。(见房玉清《实用汉语语法》第十三章 § 13.4.1，北京语言学院讲义，1984 年)这看法似欠妥。我们认为，在“一方盒糖”里，将“方盒”看作一个借用量词为宜。在实际交际中，有“一大/小方盒糖”的说法，更足见“方盒”是一个借用量词。

⑦ 参看马真《修饰数量词的副词》，见《语言教学与研究》1981 年第 1 期。

⑧ “小玲只吃了一大个馒头”，如果这里的“只”表示范围，不是“言少”，句子可以成立。下文的例句与此例情况类同。

⑨ 这一现象是由任丘华北石油教育学院文史科安宝琪女士发现并来信提供给我的。在此谨致谢忱。

(原载《语言教学与研究》1987 年第 4 期)

现代汉语中数量词的作用[①]

提要 文章以事实说明,数量词在现代汉语里不只起着词汇上表数量的作用,而且对一部分句法结构起着某种制约作用:某些句法组合非有数量词不能成立,某些句法组合没有数量词只能形成粘着的句法结构,而某些句法组合则排斥数量词。这表明在现代汉语里一定的语法范畴对一定的句法结构会起着一定的制约作用。文章进一步以领属范畴对汉语句法结构所起的某种制约作用作为佐证。最后附带指出现代汉语里"把"字句所以用得很多,这跟上面所说的语法制约作用不无关系。

§1. 引言

数量词表示数量,这是众所周知的。然而,数量词并不只起着词汇上表数量的作用,它还起着语法上的作用。这起码表现在以下三个方面:

一、起指代作用。先看例子:

(1)今天你吃的鱼,一条是鲤鱼,一条是鲫鱼。

前后两个"一条"一方面起着表数量的作用(说明是一条,不是两条或三条),一方面起着指代作用,指代"你"所吃的鱼中的一条鱼。下面例子中数量词的指代作用更为明显:

(2)他大弟弟和小妹妹都在新华印刷二厂工作,一个是会计,一个是电话接线员。

(3)楼上那家男的叫王永林,女的叫宋芳,一个是司机,一个是护士。

在例(2)、(3)里"一个"表数量的作用已经非常弱了,这里无须表明人的数量;"一个"纯粹起指代作用。例(2)前面的"一个"指代"他大弟弟",后面的"一个"指代"他小妹妹";例(3)前面的"一个"指代"男的",后面的"一个"指代"女的"。例(2)、(3)若改为例(4)、(5),意思完全一样:

(4)他大弟弟和小妹妹都在新华印刷二厂工作,他大弟弟是会计,他小妹妹是电话接线员。

(5)楼上那家男的叫王永林,女的叫宋芳,男的是司机,女的是护士。

更值得注意的是,我们不能认为例(2)、(3)里的"一个"后头省略了什么名词,事实上在"一个"之后根本补不出什么名词,足见这里的"一个"纯粹起指代的作用。

二、用以构成某种特殊的句式。

1. 构成周遍性主语句,数词限于"一"。例如:

(6)一个(人)也不去。

(7)一位(老师)都不认识他。

(8)一个(人)也没有听说过。

(9)一个(字)都不认得。

2. 构成表示"每"的数量结构对应式。例如:

(10)两个人(住)一个房间。

(11)一天(生产)六万吨。

(12)三个(人)(组成)一组。

(13)三分钟(敲)一次。

三、对某些句法结构起某种制约作用。例如:

(14)他抓了我一道血印子。

下文将会谈到,像“抓了我一道血印子”这类双宾结构,其直接宾语必须带数量词,否则就不成立(详§2.2)。数量词“一道”在例(14)中不只起表示数量的作用,更主要的是为了满足这类双宾结构的句法要求。

上述一、二两方面的作用,在以往的语法论著中均已有所论述,②本文试就第三方面的作用摆些事实,谈些看法。

§2. 某些句法组合非有数量词不能成立

数量词对某些句法结构起某种制约作用,这首先表现在某些句法组合如果没有数量词就不能成立这一点上。

2.1 在双宾结构里,如果间接宾语是表示跟行为动作相关的人或事物位移终点的处所宾语,那末直接宾语一定得带数量词,③否则就不能成立。例如“搁碗里三粒黄豆”,如去掉数量词“三粒”,“搁碗里黄豆”就不成立。再如:

A. 盛碗里两条鱼(*盛碗里鱼)|扔河里一块石头(*扔河里石头|埋地底下三支枪(*埋地底下枪)

B. 来这儿两个人（*来这儿人）|去那儿几个学生（*去那儿学生）|住这儿三个女同学，行吗？（*住这儿女同学）

C. 掉地下五分钱（*掉地下钱）|滚床上一个铜板（*滚床上铜板）|流了地上一地水（*流了地上水）

A 的直接宾语是述语动词的受事，B 的直接宾语是施事，C 的直接宾语既非施事也非受事，但是不论哪一类，如去掉直接宾语里的数量词，原双宾结构便都不能成立。

2.2 在双宾结构里，如果直接宾语是结果宾语，[4]那末这个结果宾语也一定得带有数量词，如 § 1. 里举的例（14）。再如：

A. 烫了他一个大燎泡（*烫了他大燎泡）|（蚊子）叮了小王两个大包（*叮了小王大包）|捂了孩子一身痱子（*捂了孩子痱子）

B. 卸（了）他八大块|摔（了）它八瓣儿|截（了）它三段儿

A、B 代表了两小类带不同结果宾语的双宾结构。如果把这种双宾结构码化为“V—O_1—O_2”（V 表示述语动词，O_1 表示间接宾语，O_2 表示直接宾语），那末 A 类结果宾语 O_2 表示在 V 的作用下 O_1 身上所出现的不如意的症状或变化；B 类结果宾语 O_2 表示在 V_1 的作用下，O_1 被肢解的状况。不管是 A 类还是 B 类，其中的数量词都不能去掉，否则这种双宾结构都不能成立。

2.3 下面是由虚指宾语“他/它”为间接宾语的双宾结构的例子：[5]

唱他一段|睡他一会儿|（什么时候空了，我也痛痛快快）逛它一天颐和园

这种双宾结构得以成立的条件是后面那个数量宾语。去掉虚指宾语

“他/它”，述宾结构仍成立（唱一段|睡一会儿|逛一天颐和园）；可是如去掉数量词，述宾结构就根本不成立（*唱他|*睡他|*逛它颐和园）。

2.4　现代汉语里的形容词可以直接修饰名词，尽管它们在修饰名词时有选择性。[6]例如：

A. 白孔雀　热毛巾　甜面包　干净衣服　严肃态度　老实人
B. 副主席　金手镯　单衣服　彩色电视　高等学校　慢性肝炎

A 是性质形容词直接作定语，B 是非谓形容词（或称区别词）[7]作定语。另外还有一类状态形容词，如“雪白、滚烫、白花花、恶狠狠、花里胡哨、黑不溜秋、工工整整”等，它们都不能直接修饰名词，除非带上“的”。例如：

雪白的衣服（*雪白衣服）|滚烫的开水（*滚烫开水）|白花花的胡子（*白花花胡子）|恶狠狠的脸（*恶狠狠脸）|花里胡哨的衣服（*花里胡哨衣服）|工工整整的毛笔字（*工工整整毛笔字）

但是，如果名词前带有数量词，这些状态形容词就能不依靠“的”而直接作定语。例如：

雪白一件衣服|滚烫一壶开水|恶狠狠一张脸|花里胡哨一件衣服|工工整整几个毛笔字

“程度副词+形容词”，其性质类似状态形容词，因此也有类似上述的用法。[8]例如：

很好的车　很好一辆车　*很好车

挺干净的房间　挺干净一个房间　*挺干净房间

上述情况说明，状态形容词不带“的”直接作定语的偏正结构，其中心语一定得是“数·量·名”结构，否则不成立。

2.5　朱德熙先生认为，在现代汉语里，单音节形容词重叠式可分为两类，一类是副词，它能作状语，也只能作状语，例如：

好好儿：好好儿学习　　高高：高高举起
热热儿：热热儿喝下去　轻轻儿：轻轻儿说话

另一类是非词，如“薄薄、厚厚、长长、脆脆、扁扁”等，它们不能充任任何句法成分。[9]朱德熙先生这个观察基本是符合事实的。值得注意的是，不管是哪一类单音节形容词重叠式，都能直接（不带“的”）去修饰一个“数·量·名”结构。例如：

A. 好好儿一件衣服（*好好儿衣服）|热热儿一碗茶（*热热儿茶）|高高一座山（*高高山）

B. 薄薄一片肉（*薄薄肉）|长长一条线（*长长线）|扁扁一个盒子（*扁扁盒子）

这说明，以单音节形容词重叠式作定语（不带“的”）的偏正结构，其中心语一定得带有数量词，否则就不成立。

2.6　现代汉语里有这样一种“状语·动词·宾语”结构，其状语成分从隐性语法关系（或称语义结构关系）看，是指向宾语成分的。例如“脆脆地炸了盘花生米”，“脆脆地”在语义上是说明“花生米”的。再如：

工工整整地写着两行蝇头小楷|厚厚地钉了一个本儿|很整齐

地站着两行人|黑压压地挤了一屋子人

这种“状语 · 动词 · 宾语”结构得以成立的一个很重要的条件是，宾语成分一定是个“数 · 量 · 名”结构。如果去掉宾语成分里的数量词，便都不成立。例如“*脆脆地炸了花生米”“*工工整整地写着蝇头小楷”“*厚厚地钉了本儿”“*很整齐地站着人”“黑压压地挤了人”等都不成立。

2.7 疑问代词“怎么”不能直接作名词的定语（*怎么人|*怎么书|*怎么学校），即使带上“的”之后也还是不能作名词的定语（*怎么的人|*怎么的书|*怎么的学校）。另一个疑问代词“怎么样”带了“的”能作名词的定语，不带“的”也不能直接作名词的定语。例如：

怎么样的人　　*怎么样人
怎么样的书　　*怎么样书
怎么样的学校　　*怎么样学校

但是，如果中心语是“数 · 量 · 名”结构，那末无论“怎么”“怎么样”就都能直接（不带“的”）作定语。例如：

怎么一个人　　怎么样一个人
怎么一本书　　怎么样一本书
怎么一个学校　　怎么样一个学校

这也就是说，以“怎么”或“怎么样”为定语的偏正结构得以成立的前提条件是中心语一定带有数量词，否则不成立。

2.8 “多”和“少”既是形容词（表示数量），又是动词（“多”表示多余、超出，“少”表示缺少）。不管是作为形容词还是动词，“多”和

"少"都不能直接作名词的定语(*多书|*少书|*多苹果|*少苹果[10])。这里需要指出的是,作为形容词的"多"和"少"即使带上"的",要作定语的话,中心语不能是单个儿名词,一定得带上数量词。[11]例如:

多/少〔形〕的一捆书(*多/少〔形〕的书)
多/少〔形〕的一筐苹果(*多/少〔形〕的苹果)

§3. 某些句法组合没有数量词只能形成粘着的句法结构

数量词对某些句法结构起某种制约作用,这还表现在某些句法结构是自由的还是粘着的就取决于是否含有数量词。

我们都知道,语素有自由和粘着之分。[12]其实词和句法结构也都有自由和粘着之分。所谓自由的句法结构,就是能单独成句的句法结构,例如"看电影",在一定上下文里可以单独成句("你今晚干吗?""看电影。"),因此"看电影"是个自由的句法结构。所谓粘着的句法结构,就是不能单说的句法结构,例如"扫地的扫地"虽然从构造上看是个主谓结构,但它永远不能单说,总是处于一个被包含的地位(星期天搞卫生,早晨一起床大家就忙开了,扫地的扫地,擦窗户的擦窗户),所以"扫地的扫地"就是一个粘着的句法结构。

我们看到,在现代汉语里,有些同样性质的句法结构,是自由的还是粘着的,就取决于其中是否有数量词。

3.1 很有代表性的一个例子是"动词+了+名词"这种述宾结构。语法学界早就注意到这种述宾结构单独站不住,例如"吃了苹果"不能单独成句。要让这种述宾结构处于单说地位,有两个办法:一是在末尾加上"了","吃了苹果了"就能单独成句;一是在作宾语的名词前加数量词,“吃了一个苹果”“吃了点儿苹果”就都能单独成句。这说明,“动词+了+宾语”这种述宾结构,是自由的还是粘着的,就看宾语成分是否有数量词,带有数量词是自由的,不带数量词是粘着的。[13]

3.2 带结果补语或趋向补语的动补结构,后面带上名词性宾语所形成的述宾结构,是自由的还是粘着的,也取决于宾语成分是否带有数量词,带有数量词,是自由的,否则是不自由的。例如:

(1)(“伤着了吗?”)“撕破点儿皮。”
(2)(“妈妈,弟弟又做错事了!”“什么事儿?”)“打破两块玻璃。”
(3)(注意!)飞进来一个苍蝇!
(4)(“她拿来什么了?”)“拿来三本书。”

去掉数量词“点儿”“两块”“一个”“三本”,便都站不住。“撕破皮”“打破玻璃”“飞进来苍蝇”“拿来书”都是合法的句法结构,但都是粘着的句法结构,它们只能处于被包含的地位。例如:

她撕破皮也不叫疼。|打破玻璃的人找到了吗?|飞进来苍蝇就打。|拿来书的时候你不在。

3.3 宾语所指可以是述语动词表示的行为动作的施事,这是汉语语法特点之一。施事宾语句可细分为四小类:

A. 表示存在,例如:

房间里坐着(五个)人。|门口站着(许多)人。

B. 表示出现,例如:

前面走来一个老太太。|树洞里飞出一个猫头鹰。

C. 表示消失,例如:

昨晚隔壁店里走了一帮客。|他们家飞了一只鸽子。

D. 表示容纳量,例如:

这锅饭可以吃五个人。|这瓶酒喝不了三个人。

除表示存在的那一小类外,其余三小类施事宾语句其宾语一定得是“数·量·名”结构,否则都是粘着的。[14]

3.4 对于双宾结构,特别对于表示“给予”意义的双宾结构,语法学界无论过去或现在都谈得很多,但是都未注意到这样一个事实:如果间接宾语(即与事宾语)为人称代词,直接宾语带不带数量词,所形成的双宾结构都是自由的。例如:

(1)“给我(一杯)酒!”“好,马上就来。”
(2)“你说,我送他什么好呢。”“送他(一块)衣料。”

但是,如果间接宾语(即与事宾语)是名词,那末直接宾语带数量词的话,所形成的双宾结构是自由的,例如:

(3)送学校一幅油画。　　(4)给隔壁奶奶两条带鱼。

直接宾语不带数量词的话,所形成的双宾结构是粘着的。例如“送学校

油画”“给隔壁奶奶带鱼”都不能单独成句,只能处于被包含地位。例如:

(5)送学校油画的是五五年的毕业生。

(6)给隔壁奶奶带鱼,给楼上黄大爷黄鱼,你看怎么样?

3.5 现代汉语里的方位结构可以不带“的”作名词的定语,例如“把桌上帽子递给我”里的“桌上帽子”。但是这种偏正结构都是粘着的,都只能处在被包含的地位。在回答“你要哪顶帽子?”这一句话时,绝不能就说“桌上帽子”。如果中心语带有数量词,由此形成的偏正结构便是自由的。例如:

(1)“你要哪顶帽子?”“桌上一顶帽子。”

这里的“一顶”表数量的作用很弱,主要是为了满足句法上的要求。再如:

(2)“带哪幅地图?”“书柜里一幅地图。”

(3)“您准备租哪间房子?”“最东边一间房子。”

§4. 某些句法组合排斥数量词

上面说的是某些句法组合非要有数量词不可,也有相反的情形,某些句法组合排斥数量词,这也是数量词对某些句法结构起某种制约作用的一种表现。这里略举两个例子。

4.1 “山上架着炮”是有歧义的,[15]它可以指一种静态的存在,表示“山上有炮”的意思;也可以指一种动态的行为,表示“山上正在架炮”的意思。但是,如果在“炮”前加上数量词,“山上架着两门炮”,那就只指静态的存在，因而这个结构就没有歧义。这就是说，表示动态行为的处所主语句格式“主〔处所〕+动词+着+宾”，其宾语成分排斥数量词。

4.2　上面讲到，疑问代词“怎么”作定语，中心语一定得是“数·量·名”结构，否则不成立（§2.7）；疑问代词“什么”作定语的情况正相反，中心语绝对不能是一个“数·量·名”结构。例如：

什么人　　　*什么两个人（两个什么人）
什么苹果　　*什么一个苹果（一个什么苹果）
什么衣服　　*什么几件衣服（几件什么衣服）

这就是说，“什么”为定语的偏正结构中排斥数量词。

4.3　副词“再”的一个作用是表示重复。“再”所表示的重复有两种，一是实际的重复，即表示已然行为动作的重复，例如：

（1）小王，你再去看看，信来了没有。

这句话用“再”预设小王先前已经去看过信了。二是空缺的重复，即表示原计划或预想要进行、发生而由于某种原因未能进行、发生的行为动作的重复，例如：

（2）没买着电影票？没关系，我们明天再看好了。

这句话用“再”预设先前曾打算今天看电影，因为没有买着票，所以没看成。这两种不同的重复，反映在句法上有许多重要的区别，[16]其中很重要的一点就是，表示实际的重复，“再”之后可以有数量词，也可以没有数量词。而当“再”表示空缺重复时，受“再”修饰的成分排斥数量词。例如：

(3)看来末班车已经过了，你明天再回去吧。(*看来末班车已经过了，你明天再回去一次吧。)

(4)“妈，我要吃冰激凌。”“那么晚了，到哪儿去买啊，明天再吃吧。”(*那么晚了，到哪儿去买啊，明天再吃两杯吧。)

§5. 余论

从上面分别列举的一些现代汉语句法组合中必须依赖数量词和排斥数量词的实际例子中，可以清楚地看到，现代汉语里数量词对某些句法结构确实起着某种制约作用。如果我们再高度概括一下，可以作出这样的推断：一定的语法范畴(数量范畴就是其中的一个)对一定的句法结构都会起一定的制约作用。这里不妨再以领属范畴对汉语句法结构所起的某种制约作用作为佐证。

5.1　先举必须依赖领属关系的句法组合的例子。

按照朱德熙先生的关于动词性词语 VP(包括以动词性成分为谓语的主谓结构)加“的”构成的“的”字结构的歧义指数公式，歧义指数为 0 的“VP+的”不能再指称事物，这种“的”字结构作定语时，不能再形成同位性偏正结构，只能形成非同位性偏正结构。[17]一般说是这样，但是有例外。例如“孩子考上了北京大学的”和“我撕掉了封面的”按朱先生的歧义指数公式计算，歧义指数都为 0，但是它们可以分别跟“家长”“书(或杂志)”组成同位性偏正结构，可以分别指称家长和书(或杂志)。例如：

(1)孩子考上了北京大学的(家长)请会后留下。

(2)我撕了封面的(书)是我不喜欢的书。

这种例外的一个很主要的条件就是受“的”字结构修饰的名词(如例(1)的“家长”、例(2)的“书”)跟“的”字结构中代表动词V的一个向的名词(如例(1)的“孩子”、例(2)的“封面”)之间有领属关系(“家长的孩子”“书的封面”)。

跟上述情况相类似的,由形容词A作谓语的主谓结构加“的”形成的“的”字结构“N+A+的”,能跟另一个名词N′组成同位性偏正结构,并能指称那个作中心语的名词N′,其前提条件也是作中心语的名词N′跟“的”字结构里的名词N之间有领属关系。[13]例如:

个儿高的(运动员)〔运动员的个儿〕|色儿红的(月季花)〔月季花的色儿〕|穿着讲究的(姑娘)〔姑娘的穿着〕

再如,一般说受事主语句的谓语动词后面不能再带受事宾语,如“衣服洗了”是受事主语句,“洗”后面不能再带受事宾语。但也有例外。例如:

衣服只洗了领子。|那橘子已经剥了皮了。|那条狗打断了一条腿。|那蝴蝶被扯掉了一个翅膀。

例外的前提条件是作主语的名词和作宾语的名词之间有领属关系(衣服的领子、橘子的皮、狗的腿、蝴蝶的翅膀)。

5.2　下面举排斥领属关系的句法组合的例子。

现代汉语里,大、小主语之间有施、受关系的主谓谓语句有两种格式:

A. NP〔受〕+NP′〔施〕+VP　　例如："那电影我们看过了。|酒我买了。|下个月的报纸你订了吗？"

B. NP′〔施〕+NP〔受〕+VP　　例如："我眼镜儿丢了。|我们英语还没考呢。|你电影到底看不看？"

A式的使用频率比B式高得多，这是因为B式在使用上要受到许多限制，其中很重要的一条，NP〔受〕不能是一个领属性的偏正结构，如果是领属性偏正结构，只能用A式，不能用B式。例如：

(1)小王的书我丢了。(A)　　*我小王的书丢了。(B)

(2)你的衣服小刘都洗了。(A) *小刘你的衣服都洗了。(B)

(3)爸爸的大衣我拿着呢。(A) *我爸爸的大衣拿着呢。(B)

这说明，在"NP′〔施〕+NP〔受〕+VP"这一格式中，NP〔受〕排斥领属性偏正结构。

再如，前面曾指出，表示"给予"义的双宾结构中，间接宾语为人称代词时，直接宾语可以是不带数量词的名词性成分。(§3.4)但是，不能是一个领属性偏正结构。试比较：

送他衣服	送他皮的衣服	*送他我的衣服
给你书	给你新出的书	*给你王老师的书
还我钢笔	还我新的钢笔	*还我妈妈的钢笔

很明显，这种双宾格式中的直接宾语并不一般地排斥偏正结构，而是只排斥领属性偏正结构。上面打*号的例子得分别说成：

（把）我的衣服送他｜（把）王老师的书给你｜（把）妈妈的钢笔还我

5.3　以上事实充分说明，一定的语法范畴对句法都会起一定的制约作用。关于这个问题，我们过去还很少注意。在一个语言里边，具体说在汉语里边，到底有多少种语法范畴对句法起着制约作用，每一种语法范畴对句法起着多大的制约作用，制约的范围有多大，其制约作用的具体表现如何，当两种或者更多种的语法范畴同时对某种句法结构起制约作用时，其不同制约作用之间的关系如何，这不同的制约作用是否有不同层面的区别，诸如此类的问题都很值得我们去探讨。我们认为，探讨一定的语法范畴对句法的制约作用，必将有助于汉语语法研究的进一步深入，也将有助于我们对语法研究中意义与形式相结合这一问题的进一步认识。

§6. 附言

有一个似乎跟本文无关的问题想在这里提一下，那就是现代汉语里的“把”字句为什么用得那么多，大家为什么要用那么多“把”字句。这是早为语法学界所关注并已对它有过大量论述的问题。我们并不想在这里讨论这个问题，只是因为觉得这个问题跟本文谈到的有些内容不无牵连，所以想附带在这里说几句。

前面我们曾分别讲到，（一）在双宾结构里，如果间接宾语是表示跟行为动作相关的人或事物位移终点的处所宾语，那末直接宾语一定得带数量词，否则就不能成立，如不说“搁碗里黄豆”（§2.1）；（二）在表示“给予”义的双宾结构里，如果间接宾语是个名词，直接宾语不带数量词的话，所形成的双宾结构是粘着的，如“给隔壁奶奶带鱼”不能单独成句(§3.4);(三)在表示“给予”义的双宾结构里,如果间接宾语是人称代词,直接宾语可以是不带数量词的名词性成分,但是不能是一个领属性偏正结构,如不说“送他我的衣服”(§5.2);(四)“动词+了+名词”(名词前不带有数量词)是个粘着的句法结构,如“吃了苹果”就不能单独成句(§3.1);(五)“NP′〔施〕+NP〔受〕+VP”这一主谓谓语句格式中,NP〔受〕不能是个领属性偏正结构,如不能说,“小刘你的衣服都洗了”(§5.2)。值得我们注意的是,不能由这些不成立或不自由的句法组合来表达的意思要用一个能成立的、自由的、意思又不大会走样的句法格式来表达的话,那末所选用的最理想的句子格式大概就是“把”字句式了。试看:

(1)把黄豆搁碗里(*搁碗里黄豆)|把石头扔河里(*扔河里石头)|把枪埋地底下(*埋地底下枪)

(2)把带鱼送隔壁奶奶(△送隔壁奶奶带鱼)|把油画送学校(△送学校油画)

(3)把我的衣服送他(*送他我的衣服)|把妈妈的钢笔还我(*还我妈妈的钢笔)

(4)把苹果吃了(△吃了苹果)|把衣服洗了(△洗了衣服)

(5)我把小王的书丢了(*我小王的书丢了)|小刘把你的衣服都洗了(*小刘你的衣服都洗了)

这些事实将会为“把”字句为什么用那么多,大家为什么要用那么多“把”字句这一问题多提供一个答案。

附　　注

① 冯世澄(北京大学中文系)、晁继周(社科院语言所)二位先生(均系北京人)帮助审订了本文若干例句,谨在此深致谢忱。

② 分别参看朱德熙《语法讲义》§4.13.2,商务印书馆,1982年,北京;陆俭明《周遍性主语句及其他》,载《中国语文》1986年第3期;李临定、范方莲《试论表示"每"的数量结构对应式》,载《中国语文》1960年11月号。

③④ 参看马庆株《现代汉语的双宾构造》,《语言学论丛》第十辑,商务印书馆,1981年,北京。

⑤ 参看朱德熙《语法讲义》§8.8.3。

⑥ 参看朱德熙《现代汉语形容词研究》,见《现代汉语语法研究》,商务印书馆,1980年,北京。

⑦ 吕叔湘先生称之为"非谓形容词",参看吕叔湘、饶长溶《试论非谓形容词》,载《中国语文》1981年第2期;朱德熙先生称之为"区别词",参看朱德熙《语法讲义》§4.14。

⑧ 参看朱德熙《现代汉语形容词研究》。

⑨ 参看朱德熙《说"的"》,载《现代汉语语法研究》。

⑩ "多苹果""少苹果"作为述宾结构可以成立。

⑪ 参看陆俭明《"多"和"少"作定语》,载《中国语文》1985年第1期。

⑫ 参看朱德熙《语法讲义》§1.1.2。

⑬ 有例外,当"名词"为"这/那+名词"或人称代词"他(它)"时,可单独成句(限于祈使句),例如:"扔了这/那破鞋!"因为"这/那"总是定指的。

⑭ 表示容纳量的D类施事宾语句,去掉其中的数量词,整个结构根本就不成立(*这锅饭可以吃人|*这瓶酒喝不了人)。

⑮ 参看朱德熙《论句法结构》,载《现代汉语语法研究》。

⑯ 参看马希文《跟副词"再"有关的几个句式》,载《中国语文》1985年第2期。

⑰ 参看朱德熙《"的"字结构和判断句》,见《现代汉语语法研究》。朱德熙先生关于动词性结构Dj(朱文原用符号)加"的"形成的"的"字结构"Dj的"的歧义指数公式是:n-m=P,其中n代表动词D的"向"的数目,m代表在Dj里出现的体现动词D的"向"的名词的数目,P代表"Dj的"的歧义指数。按朱文的看法,如果n为2,m为2,P为0时,"Dj的"不能再指称事物,它修饰名词的话,只能形成非同位性偏正结构,即"Dj的"不能指代整个偏正结构。

⑱ 参看陆俭明《"的"字结构和"所"字结构》,见《语法研究和探索》(1),北京大学出版社,1983年,北京;该文又见于陆俭明、马真《现代汉语虚词散论》,北京大学出版社,1985年,北京。

(原载《语法研究和探索》(4),1988年)

“多”和“少”作定语

提要 本文是对吕叔湘先生《多、少以及许多、不少等等》一文的补充，从以下四个方面对“多”和“少”作定语的情况作了具体、细致的描写：1.“多/少”单独作定语；2.“多/少”带上“的”作定语；3.“不多/不少”作定语；4.“很多/很少”作定语。通过上述四方面的描写，可以清楚地看到：a. 动词“多/少”和形容词“多/少”的对立；b. 形容词“多/少”和一般形容词的对立；c.“多”和“少”的对立。

§0. 吕叔湘先生在《多、少以及许多、不少等等》（见《汉语语法论文集》（增订本）216—222 页）一文中已经谈到“多”和“少”作定语的问题，本文试再作一些补充。为了使读者能更全面地了解“多”和“少”在定语位置上出现的情况，吕先生文章中已经谈到的有关内容，本文将不避重复。

§1.“多”和“少”既是形容词（天津自行车最多|今天观众不多|多住几天|这儿人少|你就少说几句吧），又是动词（房间里多了两把椅子|这儿夏天多雨|我们还少一个人|少他三块钱|没少什么东西）。[①]“多”“少”作为动词，跟一般单音节动词一样，不能直接作名词的定语。而“多”“少”作为形容词，同样不能直接作名词的定语。下面的格式作为名词性偏正结构都站不住：[②]

*多人	*少人
*多书	*少书
*多技术员	*少技术员
*多衣服	*少衣服

从语法角度说,下面各例都看作词为宜,换句话说,都不宜看作句法平面上的格式:

多民族(国家)	多边(会谈/协定/贸易)	多方面(努力)
多年/多时(不见了)	多胚(生殖)	多足(动物)
多细胞(生物)	多行业(公司)	多因素(优选法)
多机床(管理)	多品种(轮番生产)	多层(胶片)
多级(火箭/核弹头)	多孔(混凝土)	多路(通讯)
多臂(织机)	多面手	多班制
多面体	多口词	多边形
多项式	多幕剧	多神教
少量　　少数	少时　　少刻	

总之,在现代汉语里,没有"多/少+名"这样的名词性偏正结构。"多""少"作为形容词时也"不能直接修饰名词",这大概是由于它们"不表示属性,单纯表示数量"的缘故。[③]

§2."多""少"带上"的","多/少的"可以作定语。这需分两种情形来谈。

2.1 "多/少的"直接修饰名词。例如:

多的人	少的人	多的书	少的书
多的衣服	少的衣服	多的凳子	少的凳子
多的钱	少的钱	多的房子	少的房子

注意,这些偏正结构里的"多"和"少"都是动词,不是形容词。"多的

人”是“多出来的人”的意思;“少的人”是“缺少的人”的意思。余者类推。这说明,形容词“多”“少”即使带上“的”也还是不能直接修饰名词。这一点很不同于一般形容词。

2.2 “多/少的”修饰一个“数・量・(名)”结构(格式里的“(名)”表示可以不出现,即可以是 Ø,下同),这又可细分为两种情况:

A.“多/少的”修饰一个“量”为个体量词的“数・量・(名)”结构。例如:

多的三个(人)　　少的三个(人)
多的几件(衣服)　　少的几件(衣服)
多的一张(桌子)　　少的一张(桌子)
多的四本(书)　　少的四本(书)
多的两把(椅子)　　少的两把(椅子)

这里的“多”和“少”也都是动词,不是形容词。

在上面所举的偏正结构里的数量词之前,都可以插入指示代词“这”或“那”,但又有不同情况:在“多”式里,既能插入“这”,也能插入“那”,例如:

多的这三个(人)　　多的那三个(人)
多的这几件(衣服)　　多的那几件(衣服)
多的这四本(书)　　多的那四本(书)
多的这两把(椅子)　　多的那两把(椅子)
多的这一张(桌子)　　多的那一张(桌子)

在“少”式里则通常是插入“那”,不插入“这”。[4]例如:

?少的这三个(人)　　少的那三个(人)
?少的这几件(衣服)　　少的那几件(衣服)
?少的这四本(书)　　少的那四本(书)
?少的这两把(椅子)　　少的那两把(椅子)
?少的这一张(桌子)　　少的那一张(桌子)

“多”式和“少”式里在插入“这”或“那”上的不同,跟“这”用于近指,“那”用于远指这一点有关。

还需指出,在实际交际中,“多”式的使用频率要比“少”式高。

B.“多/少的”修饰一个“量”为集合量词(如“捆、堆”等)或容器量词(如“碗、筐”等)的“数·量·(名)”结构。例如:

多的两捆(书)　　少的两捆(书)
多的三串(辣椒)　　少的三串(辣椒)
多的两筐(苹果)　　少的两筐(苹果)
多的一堆(萝卜)　　少的一堆(萝卜)
多的一箱(书)　　少的一箱(书)
多的一袋(米)　　少的一袋(米)

这类偏正结构里的“多”和“少”,既可以理解为形容词,也可以理解为动词,因此这类偏正结构都是多义格式,都有歧义。例如:“多的两捆(书)”,既可以理解为“数量多的两捆(书)”(“多”为形容词),又可以理解为“多出来的两捆(书)”(“多”为动词);同样,“少的两捆(书)”,既可以理解为“数量少的两捆(书)”(“少”为形容词),又可以理解为“缺少的两捆(书)”(“少”为动词)。余者类推。

在这类偏正结构里的数量词之前,也都可以插入指示代词“这”或“那”。值得注意的是,当“多”“少”为动词时,其情况跟上文讲的A类

情况相同,即“多”式里“这”和“那”都可以插入。“少”式里通常只插入“那”。例如:

(1)“老师,我们怎么多了一捆书。”

“是吗? 真的多了一捆,你们把多的〔 〕(一)捆书马上送还给教材科。”

(2)经清点,只少了一捆书,少的〔 〕(一)捆书是心理所的。

例(1)〔 〕内可加上“这”,也可以加上“那”;例(2)〔 〕内则通常是加“那”,而不加“这”。当“多”“少”为形容词时,则不管在“多”式里还是在“少”式里,“这”和“那”都可以插入。以“多/少的两捆(书)”为例,下列说法都能成立:

(数量)多的这两捆(书)　　(数量)多的那两捆(书)

(数量)少的这两捆(书)　　(数量)少的那两捆(书)

余者类推。

§3.“多”和“少”无论作为形容词还是动词,都能受否定副词“不”的修饰,例如:

(3)小敏作文里的错别字不多/不少。(“多/少”为形容词)

(4)“你看看,这线路上是不是多/少了一个电阻?”

“不多/不少啊!”(“多/少”为动词)

3.1 “不多”,不管其中的“多”是形容词还是动词,都不能直接修

饰名词。下面的格式作为名词性偏正结构都不成立：[5]

*不多人	*不多书	*不多钱
*不多房子	*不多椅子	*不多位置

但是，“不多”可以修饰一个表示不定数量的“数·量·(名)”结构。这又可细分为两种情况：

A.“不多”修饰“几·量·(名)”结构(其中的“几”为不定数词，而非疑问数词)。例如：

不多几个(人)	不多几支(笔)
不多几块(钱)	不多几所(房子)
不多几本(书)	不多几个(苹果)

B.“不多”修饰“(一)·点儿·(名)”结构(其中的“一”和“名”不常出现)，例如：

(5)“还有钱吗?”
　“只剩下不多点儿了。”
(6)“今天是高兴的日子，大家喝几盅。”
　“爹，酒瓶里的酒只有不多点儿了。”
　“你这个丫头！不会去打吗?!”
(7)虾太贵了，我只买了不多点儿。

“不多点儿”只能处于宾语位置上。

不管是属于情况A还是情况B，其中的“多”都是形容词，不是动词。

“不多”不能修饰一个表示确定数量的“数·量·(名)”结构,我们不说“不多三个人”“不多四本书”或“不多一所房子”。

3.2 “不少”的情形跟“不多”正相反,它可以直接作名词的定语,例如:

不少人　不少书　不少钱　不少教员
不少观众　不少窗户　不少房子　不少工厂

但是它不能像“不多”那样去修饰一个“数·量·(名)”结构,即使所表示的数量是个不定数量。下面所举各例作为偏正结构都不成立:

*不少三个(人)　*不少几个(人)
*不少六位(观众)　*不少几位(观众)
*不少两棵(枣树)　*不少几棵(枣树)

当“不少”直接修饰名词时,其中的“少”也是形容词,不是动词。

§4.“多”和“少”作为形容词,都能受程度副词“很”的修饰。例如:

(8)四川广柑很多。　(9)城里蚊子很少。

4.1 上文曾指出,形容词“多”不能直接修饰名词(§1.)。“很多”则可以直接修饰名词,例如:

很多人　很多书　很多钱　很多观众
很多想法　很多事情　很多房子　很多汽车

但是“很多”不能修饰“数·量·(名)”结构,不管所表示的数量是确定的还是不定的。下面的说法都不能成立:

*很多四个(人)　*很多几个(人)
*很多三本(书)　*很多几本(书)
*很多四十个(苹果)　*很多几个(苹果)

4.2 “很少”的情况跟“很多”正相反,“很少”不能直接修饰名词,我们不说:[6]

*很少书　*很少房子　*很少事情
*很少汽车　*很少情况　*很少苹果

但是,“很少”能修饰“数·量·(名)”结构,其情况跟“不多”相类同,即也只能修饰表示不定数量的“数·量·(名)”结构,例如:

很少几个(人)　很少几本(书)
很少几个(乘客)　很少几户(人家)
很少几辆(汽车)　很少几片(瘦肉)

以上是修饰“几·量·(名)”结构;再如:

(10)今天来的人多,昨天只来了很少一点儿人。
(11)我只要求你帮我写很少一点儿。
(12)“瓶里还有醋吗?”
“只有很少一点儿了。”
(13)这几年来,他每顿只喝很少一点儿酒。

以上"很少"修饰"(一)·点儿·(名)"结构,由此形成的偏正结构也只能处于宾语位置上。

"很少"跟"不多"略有不同,那就是被它修饰的"(一)·点儿·(名)"结构里的"一"以出现为常,"名"则隐现较为自由。

§5. 从§3. 和§4. 里,我们不难发现,"不多"和"不少"在修饰名词性词语上,二者正好形成互补:

	~名	~数·量·(名)
不多	−	+
不少	+	−

而"很多"和"很少"在修饰名词性词语上,二者也正好形成互补:

	~名	~数·量·(名)
很多	+	−
很少	−	+

很明显,"不多"和"不少"在修饰名词性词语上的对立情况,跟"很少"和"很多"在修饰名词性词语上的对立情况正好是平行的。这表明,"不多"和"很少"功能相同,"不少"和"很多"功能相同,如下表所示:

	~名	~数·量·(名)
很多、不少	+	−
很少、不多	−	+

这显然跟它们自身的意义有关,因为“不多”“很少”都是言少,“不少”“很多”都是言多。

从以上所述,我们可以清楚地看到:(a)动词“多/少”和形容词“多/少”的对立;(b)形容词“多/少”和一般形容词的对立;(c)“多”和“少”的对立。

附　注

① “多”还可以兼数词(二十多个人|三斤多苹果)和副词(这山有多高?|这里多美啊!)

② “多/少+名”作为述宾结构可以成立,例如“忽然发现班里多人了”“我们只少衣服”等。

③ 朱德熙《现代汉语形容词研究》§1.1,见《现代汉语语法研究》7页,商务印书馆,1980年,北京。

④ 在书面上尚未见有“少的这三个人”之类的说法。在向北京人调查中,多数认为不用“这”,也有个别人认为在某种特定场合也可以用“这”,例如“最后才知道少的这一张牌正好在对面自家人手里”。

⑤ “不多人”这类格式如作为述宾结构,是存在的。

⑥ 有个别例外,可以说“很少人”,例如:“这个地方只有很少人来玩儿。”“这个秘密很少人知道。”出现的条件是,“很少人”之后得紧跟着出现一个动词性成分(如上例里的“来玩儿”“知道”)。我们认为把“很少人”看作固定短语为宜,因为我们不能从“很少人”推出“很少+名”这样一个普遍的格式。至于“很少人”是从“很少一点儿人”衍化来的,还是从“很少有人”衍化来的,还是分别从这两种说法衍化来的,有待于进一步研究,暂不讨论。

(原载《中国语文》1985年第1期)

分析方法刍议
——评句子成分分析法

提要 评论句法分析方法的优劣，其根本依据是看它对语言事实的解释能力如何，即对语言事实解释的广度和深度如何。文章根据这个标准，并以大量语言事实对句子成分分析法进行了评析，指出句子成分分析法对语言事实的解释无论就广度和深度说都是极有限的，其根本原因是这种分析方法严重忽视语言的语法结构的层次性。文章最后指出，在今后的语法研究中，句子成分分析法不能再给我们提供什么新的东西，我们研究的路子应该多些、宽些。

目前，在我国比较通行的句法分析法，一是传统的句子成分分析法（亦称中心词分析法），一是后起的直接成分分析法（亦称层次分析法）。这两种分析方法都是从国外借鉴来的，只是一个早一点儿，一个晚一点儿。对这两种方法采取全盘否定某一个，全盘肯定某一个的做法，肯定是不恰当的，采取各打五十大板的做法也是不恰当的。重要的是需要大家一起来对这两种方法进行冷静的、认真的、全面的分析，以比较、认识它们的优劣。

分析、比较、评论各种分析方法的优劣，其根本依据应该是看它们对语言事实的解释能力如何，即对语言事实解释的广度和深度如何。解释能力大的分析方法无疑优于解释能力小的。如果甲分析法所能解决的问题，都能为乙分析法所解决，而乙分析法所能解决的问题，不能或很少能为甲分析法所解决，那末毫无疑义乙分析法的解释能力大于甲分析法，因而乙分析法优于甲分析法。这样我们在语法研究中就要考虑让乙分析法逐步代替甲分析法。本文不准备对句子成分分析法从理论上作全面的评论，只想从上述认识出发，对这一分析法作些剖析，发表些意见。

§1. 句子成分分析法的总的特点是，认定一个单句可以有六种句子成分，[①]分析时要求先一举找出全句的中心词，作为句子的主要成分主语和谓语，让其他成分分别依附于它们。其分析手续是：先看清全句的主要成分，哪个词是主语，哪个词是谓语；再看谓语是哪一种动词，决定它后面有连带的成分宾语没有；末了指出句中所有的附加成分定语、状语和补语来。[②]例如：

(1) 这些工人立刻修好了一座桥。……第一步分析
　　这些工人立刻修好了一座桥。……第二步分析
　　(这些)工人〔立刻〕修〈好〉了(一座)桥。……第三步分析

（═表示主语，—表示谓语，︶表示宾语，(　)表示定语，〔　〕表示状语，〈　〉表示补语，下同。）

句子成分分析法在长期的运用过程中，曾有不少人对它提出过种种修正意见，但它那总的特点始终未变（对种种修正意见的评论见下文§7.）。

句子成分分析法自国外借鉴来之后，在汉语语法研究和语法教学中起过积极的作用。在其他分析法借鉴、运用到汉语语法研究和语法教学中来之前，还就是靠它的帮助建立起汉语语法学，普及语法知识。句子成分分析法的这一历史贡献是不能抹杀的。

§2. 但是，不能不看到，句子成分分析法的适用范围是极窄的，它对语言事实的解释能力是极为有限的。

首先,句子成分分析法只适用于句法,不适用于词法,即不能用它来分析合成词的内部构造。这一点是不言而喻的,无须赘述。

其次,句子成分分析法虽能用于句法,但也只适用于对单句的分析,不适用于对复句的分析。这一点也是不言而喻的,也无须赘述。

再次,更值得注意的是,即使用它来分析单句也有很大的局限性。下面着重对这一点加以说明。

§3. 句子成分分析法用来分析下面这样的句子,应该说是十分得心应手的:

(2)他弟弟才抄完一首诗。

例(2)主、谓、宾、定、状、补六大句子成分齐全。"弟弟"和"抄"是全句的中心词,分别作句子的主要成分主语和谓语,它们构成句子的基本意思:"弟弟抄",其余便分别是句子的连带成分和附加成分。如果把主语、谓语比作树的主干,把宾语和定、状、补语比作树的枝叶,整个句子便可以看作是由主语、谓语这主干添上枝(宾语)加上叶(定、状、补语)组成的。

句子成分分析法对例(2)这样一类句子的分析是很富于吸引力的,然而汉语里的句子并不都像例(2)那样。

§4. 汉语中有相当多的句子"主干"离了"枝叶"站不起来,即按句子成分分析法所分析得到的"主—谓"这个"主干"在实际语言中从来不说。例如:

(3)他从小贪图安逸。(*他贪图)

(4)他的想法都合乎事实。(*想法合乎)

(5)封建思想必须清除。(*思想清除)

(6)合格产品占百分之九十。(*产品占)

显然,句子成分分析法很不适用于这类句子。当然,你可以不管"主干"成立不成立,硬按句子成分分析法加以分析。但是,既然这些所谓"主干"在实际语言中并不存在,那末怎么能说这"主干"表示了句子的基本意思?怎么能说整个句子就由这些不能表意的所谓"主干"添枝加叶组成的呢?如果硬要那样分析,不就严重违背了语言事实了吗?这里必须指出,像例(3)—(6)这些句子在汉语中不是个别的,是大量的,不能看作是例外。这些句子的存在是有原因的:第一,在现代汉语中单个儿动词作句子谓语是要受到很大限制的,特别是有一部分粘着的动词(如"安慰、合乎、背离、介乎、给以、敢于、贪图、遇见、怨"等),压根儿就不能单独作句子的谓语。[③]第二,现代汉语中有相当一部分名词可以单独跟某些动词相结合,但不能单独跟另一些动词相结合,只有当它带上定语、组成名词性偏正结构后才能跟那些动词结合。例如:

注重品德	*培养/学习品德	培养共产主义品德、学习他的品德
创立学说	*讲解/批判学说	讲解/批判康德学说
改造/澄清思想	*清除/树立思想	清除坏思想、树立为人民服务的思想

当然,汉语中多数句子,离了"枝叶",那"主干"还是站得起来的,但是不可忽视的事实是,绝大部分句子其"主干"并不表示句子的基本意思,甚至表示跟句子原意相反的意思。具体情况多种多样:

A."枝叶"里包含有否定词,这些句子的"主干"所表示的意思就跟整个句子意思相反。例如：

(7) 我弟弟不喜欢京剧。(≠弟弟喜欢)
(8) 她晾的衣服没收进来。(≠衣服收进来[4])
(9) 我们都听不懂。(≠我们听)

B. 现代汉语中有一小部分动词不带宾语时是一种意思，带宾语时又是一种意思。当句子“主干”中的谓语是由这种动词充任时，“主干”表示的意思就跟整个句子的意思截然不同。例如：

(10) 他死了爷爷。(≠他死)
(11) 秦国亡了赵国。(≠秦国亡)
(12) 北京队大败安徽队。(≠北京队败)

C. 现代汉语中有一部分形容词可以兼作动词，兼作动词时后面一定带上宾语。当句子“主干”中的谓语是由这种兼类动词充任时，“主干”表示的意思也跟整个句子的意思不同。例如：

(13) 日夜商店大大方便了群众。(≠商店方便)
(14) 你可便宜他了。(≠你便宜)
(15) 他这一番话立刻振奋了大家的精神。(≠话振奋)

D. 汉语中不少名词带上定语以后，其所指跟名词本身所指可能迥然不同，甚至是相对立的，如“假马克思主义者”就跟“马克思主义者”相对立。如果句子主干的主语由这些名词充任，或合成谓语里包含有这样的名词，[5]而它们前面还附加有定语，那末“主干”的意思不可能是句子的基本意思，甚至二者是正相反的。例如：

(16) 王老师儿子从前线回来了。(≠儿子回来)

(17) 无原则的团结对革命事业有害。(≠团结有害)

(18) 冒牌儿的共产党员都应该开除。(≠共产党员应该开除[⑥])

(19) 他只是一个口头革命派。(≠他是革命派)

其实，除上面举到的这四类句子外，其余一般句子也很难完全按句子成分分析法所构想的句子结构模式去理解。例如：

(20) 王老师讲得很生动。

(21) 王老师给我们讲故事。

(22) 王老师早讲完了。

(23) 王老师讲累了。

(24) 王老师讲了二十分钟注意事项。

(25) 王老师讲得清楚的。

按句子成分分析法，上面这六个句子的"主干"都是"王老师讲"，这些句子的基本意思都是"王老师讲"。这显然是违背一般人的语感的，跟句子的实际表达是大不相符的。

从上可知，句子成分分析法适用的范围是很窄的，这种分析方法不能真正从形式和意义的结合上帮助人们对一个句子的意思获得准确而又完整的理解。

§5. 语法研究(或者缩小些范围说句法研究)的一个重要目的在

于全面、深入、细致地揭示语言的组词造句的内在规律。句子成分分析法并不能很好帮助我们达到这一目的，换句话说，运用句子成分分析法不能很好地全面、深入、细致地揭示语言的语法规律。为了说明这一点，不妨举几个实例。

5.1 程度副词“很”经常做形容词和一些表示心理活动的动词的修饰语，前者如“很红、很干净”，后者如“很怕、很喜欢”。它不能做一般动词的修饰语（*很看、*很解决）。但是，它可以做一些动宾词组的修饰语。例如：

很有意见|很解决问题|很讲义气|很赚钱

很看了几本书|很喝了一些酒|很说了一阵话|很认识几个人

也可以做一些动补词组的修饰语。例如：

很看得起|很靠不住|很处得来|很合不来

“很”的这一用法就无法通过句子成分分析法来清楚地加以揭示和说明。例如：

(26)他很看了几本书。

“很”在这里到底是只修饰“看”，还是修饰“看书”，还是修饰“看了几本书”，句子成分分析法本身回答不了。当然，采用句子成分分析法的同志也会看到和承认“很”的用法特点的，但要对它加以说明，还得通过别的途径或方法。

5.2 语言中存在着许多歧义句式（或称多义句式）。歧义句式的存在有其积极作用，使用不当也会产生消极作用，即影响句子意思的确定性。因此研究、解析歧义句式对于揭示语法规律、对于语言的实际运用都有很大意义。句子成分分析法对于一些关涉到句子成分变异的歧义句式能加以解析。例如：

(27) S1：我们五个人一组。[7]
　　S2：(我们)五个人一组。
(28) S1：他穿〈好〉衣服，(就不再玩儿了。)
　　S2：他穿(好)衣服，(就不再玩儿了。)
(29) S1：发现敌人的哨兵回营房了。[8]
　　S2：(发现敌人的)哨兵回营房了。
(30) S1：他急得〈出汗〉。
　　S2：他急得〈出〉汗。

但是，对并不关涉到句子成分变异的歧义句式，句子成分分析法就无力解析了。例如：

(31) 那块布染红了。

这个句子有两个意思：A. 那块布染了以后变红了；B. 那块布染得过于红了。这两种意思无法通过句子成分分析法把它们解析出来，因为按句子成分分析法，这个句子只能照下面这样来分析：

(那块)布染〈红〉了。

而在这歧义现象的背后隐含着重要的语法规则。[9]再如：

(32)这张照片放大了一点儿。

这个句子也有两个意思:A. 这张照片只放大了一点儿;B. 这张照片放得大了一点儿。这两种不同的意思也无法用句子成分分析法解析得到,因为按句子成分分析法这个句子也只有一种分析法:

(这张)照片放〈大〉了〈一点儿〉。⑩

类似的歧义句式还很多,句子成分分析法对它们是无能为力的。

5.3 在现代汉语中,有相当一部分词语要求与之组合的成分是个复杂形式(即不是单词儿)。譬如介词"把"在使用上有一个大家公认的特点:要求受"把……"这一介词结构修饰的动词性成分是个复杂形式。介词"把"的这一使用特点就无法通过句子成分分析法来清楚地加以揭示和说明。例如:

(33)你〔马上〕〔把衣服〕洗〈干净〉!
(34)他〔把衣服〕洗得〈干干净净〉。

事实上"把衣服"这个介词结构在例(33)是修饰"洗干净"的,在例(34)里是修饰"洗得干干净净"的,但是句子成分分析法不能表明这一点。再如副词"白白",受它修饰的动词性成分必须是个复杂形式。例如:

你就白白送他?|我白白干了一天。|难道这钱就这样白白丢了?
*你就白白送?|*我白白干。|*难道这钱就白白丢?
*谁说白白浪费?|*大家白白讨论|*我们不能白白研究。

句子成分分析法也不能揭示"白白"用法上的这一特点。类似的例子也还很多。

反之,现代汉语中带补语的成分一般只能是个单词(单个儿动词或形容词),[11]而这一语法规则也不是句子成分分析法所能揭示的。

§6. 以上所说集中到一点,句子成分分析法对语言事实也是有一定的解释能力的,因此它在语法研究和语法教学中能起某种积极作用;但是它对语言事实的解释能力,无论就解释的广度还是深度来说,都是极有限的。句子成分分析法的这种局限性应引起我们充分注意。这种局限性已越来越影响它在语法研究和语法教学中的作用,乃至地位。

§7. 句子成分分析法的局限性在语法研究和语法教学中早就不断暴露出来了,因此不断有人给这种分析方法进行修正与改进。

有一种修正意见是,在分析手续上不先找句子的中心词,一下确定主语、谓语,而是先把句子划分为两部分:主语部分和谓语部分,然后再分别找出主语部分的中心词和谓语部分的中心词,确定句子的主语、谓语。这一修正意见似乎增强了层次观念,因而已被普遍采用。然而它不但没能克服句子成分分析法所固有的弱点,相反增添了新的矛盾。

句子成分分析法跟采用这一分析法的同志对于主语和谓语关系的解释之间本来就存在着矛盾。对于主语和谓语的关系,一般的解释是:

主语是谓语陈述的对象,表示谓语说的是"谁"或者"什么";谓语对主语加以陈述,表示主语"怎么样"或者"是什么"。(《暂拟汉语教学语法系统》)按这种解释,像"王老师讲得很生动""王老师讲累了"这两个句子,说明王老师"怎么样"的,应该分别是"讲得很生动""讲累了",可是按句子成分分析法,只承认"讲"是谓语。这二者不是矛盾了吗?按现在的修正意见,一上来先把句子分为主语部分和谓语部分两大块:

王老师‖讲得很生动。　　王老师‖讲累了。

这似乎克服了上面说的矛盾，然而又产生了新的矛盾：第一，“讲得很生动”“讲累了”是谓语部分，这是什么意思，按说应理解为“讲得很生动”“讲累了”分别就是句子的谓语，是分别说明两句话里的“王老师”“怎么样”的。可是接着又分析说，谓语部分里的中心词“讲”是谓语，这不就又推翻了前面的理解了吗？这不是原有的矛盾并未解决又增添了新的矛盾了吗？从理论上来说，“主语部分”和“主语”，“谓语部分”和“谓语”的说法是统一不起来的。第二，一上来把句子分为两大块，这意味着承认句子是由这主语部分和谓语部分两大块直接组成的；然而这跟句子成分分析法所坚持的句子是由主语、谓语这“主干”和依附于它们的“枝叶”组成的观点，不也是矛盾的吗？

有一种修正意见是，在找全句中心词时，如发现作谓语的中心词前有否定词，则就不先把中心词看作是谓语，而把带否定词的整个偏正词组看作谓语，以使句子的“主干”能表示句子的基本意思。例如：

(35)他从来不吃羊肉。

这一修正当然可以克服原分析方法的某些弱点，但是并不能从根本上解决问题，“主干”不能表示句子基本意思的不止上面这一类包含否定词的句子（如“他差点儿掉下去了”以及上文已经举过的许多种例子）。再说，这一修正跟句子成分分析法的基本精神——找中心词、抓“主干”是根本矛盾的。

有人提出了进一步的修正意见：不要“流于形式”，“不论一个句子的结构特点”一律认定充当某一句子成分的一定只是一个词。如果把“枝叶”分出来“就影响了概念的完整性”，就应该让整个词组作为句子结构中的一个成分。例如:“分析的方法就是辩证的方法”这一句话,“如果把‘分析’‘辩证’从词组中分出来划作定语,就影响了概念的完整性。因此,在这个句子中,‘分析的方法’是主语,‘是’跟‘辩证的方法’组成合成谓语”。[12]

这一修正意见当然可以克服原分析法的更多的弱点,但是它跟句子成分分析法的基本精神同样是根本矛盾的。再说,所谓“影响了概念的完整性”该怎么理解?意思出入到多大程度算是“影响了概念的完整性”,因而就可以决定不由中心词作句子成分,而由整个词组作句子成分?这就很难有个定规。虽然提出这种修正意见的同志提醒人们“一定要弄清楚各种句子结构的规律,把充当句子成分的词和词组区别清楚”,但具体掌握起来实在太难了。

还有一种修正意见,把“宾语”归到“主干”中去,即把“主—谓—宾”看作是句子的“主干”。这一修正当然也可以克服一些原分析法的弊病,但并不能真正解决问题。事实上即使把宾语也算在“主干”里,§4.里所谈到的弊病仍然存在。例如:

(36)我们必须尽最大努力。(*我们尽努力)

(37)他喊哑了嗓子。(*他喊嗓子)

(38)《共产党宣言》批判了各种反动的社会主义。(≠《共产党宣言》批判社会主义)

总之,上述种种修正意见都是在看到了句子成分分析法的种种矛盾和弱点而提出来的,目的都是想解决问题,有它积极的意义。但是,这些修正意见都只是头痛医头,脚痛医脚,不能从根本上解决问题,克服句子成分分析法所固有的局限性,相反还增添了新的矛盾,使人们更无所适从。

§8. 为什么句子成分分析法在具体运用中会碰到很多困难，产生许多矛盾？为什么这种分析法对语言事实的解释能力不大，对语言事实解释的广度与深度都很有限？我们认为根本的原因在于它严重忽视了语言的语法结构的层次性。史存直先生不接受这一意见，并且提出了反驳：

> 有人以为传统的句成分分析法没有层次，那是误会，因为它的层次简单而又自然，以至许多语法书不大谈到，却不能因此就说它没有层次。试想，用句成分分析法对句子进行分析的时候，第一步把句子划分为主、谓两部，这主、谓两部不正是第一个层次吗？第二步把定语和状语括出或划去，这定语和状语不正是第二个层次吗？剩下的宾语和补语（足语）[13]不正是第三个层次吗。因为层次简单而又自然就认为没有层次那是不对的。[14]

我们不知道其他坚持采用句子成分分析法的同志是否都赞同史先生的辩驳。说实在的，史先生所描绘的句子的语法结构层次是大可怀疑的。

我们知道，语言是作为人类最重要的交际工具而存在的，人类的语言交际过程实际是一个“编码（由说话人进行）——译码（由听话人进行）”的过程。因此，凡是承认语言的语法结构的层次性，并严格按结构层次对句子作符合实际的语法分析，其结果必定是：

A. 在所分析的每一个结构层次上必定能明确说出该层次的直接组成成分；

B. 每一结构层次上所分析得到的每一个直接组成成分必定是该语言中所存在的有意义的语法形式；

C. 每一层次上所分析得到的若干直接组成成分的组合所遵循的规律在该语言中必定具有普遍性；

D. 每一结构层次上所分析得到的每一个直接组成成分从意义上来说必定能成为整个句子内容的有机组成部分。

我们认为，上述四条是判断一种句法分析法是否具有层次观念，并且是否对句子的语法结构层次作了正确分析的重要依据。现在我们不妨就用这四条来鉴定一下句子成分分析法。为了更好说明问题起见，我们不妨拿前面已经举过的、对句子成分分析法来说分析起来最感到得心应手的例(2)作为分析的具体对象。按句子成分分析法，例(2)“他弟弟才抄完一首诗”实际上将被分析出两个层次，三个部分：

句子——————————他弟弟才抄完一首诗
　→{主要成分——————弟弟　抄
　　{非主要成分————他　才　完一首诗
　　　→{连带成分　　　　　　　　　诗
　　　　{附加成分—（他）〔才〕<完>（一首）

第一步的分析是否真正按句子的实际的语法结构层次在进行分析，就值得怀疑。第一个结构层次上的直接组成成分是什么？是主要成分“弟弟抄”和非主要成分“他　才　完　一首诗”吗？如果说是，那末直接组成成分之一的“弟弟抄”，可以成为语言中所存在的有意义的语法形式；可是另一直接组成成分“他　才　完一首诗”显然不能看作是语言中所存在的有意义的语法形式，因为它根本不是一个有机的整体。如果说不是，那末还得追问：第一层次上的直接组成成分到底是什么？能不能认为就是“弟弟抄”“他”“才”“完”“一首诗”？显然也不能，因为这跟实际的分析步骤不吻合。可见，第一步就不是按照句子实际的语法结构层次进行分析的。第一步如此，以下的分析就更不用说了。

平心静气而论，批评句子成分分析法不讲层次，这是中肯的，切中要害的。应该承认句子成分分析法是一种平面的分析法，它不仅认为句子有六大句子成分，而且把这六大句子成分摆在一个平面上。坚持句子成分分析法的同志在具体分析上尽管有不同的主张和做法，但究其区别只在先认哪个成分，后认哪个成分而已，而并不是真的在对句子的语法结构层次进行分析。现在，一般是先认主语、谓语，再认宾语，剩下的就是定语、状语、补语；有的则先认主语、谓语，再认定、状、补语，最后剩下的便是宾语；[15]也有的根本不分先后，一下子把句子中包含的各个句子成分都端出来，[16]并认为这样做倒"比较直截了当"，不易发生混乱。[17]最后这种主张倒是说得很坦白的，可以拿来作为说明句子成分分析法不讲层次的旁证。事实上无论哪种主张，在分析"他朋友已经准备好旅途干粮"这个句子时，意见毫无分歧，都认为它包含六大句子成分，句中每个词就是一个句子成分，即：

(39)（他）朋友〔已经〕准备〈好〉（旅途）干粮。

至于史存直先生所谓的三个层次，那并不是句子的语法结构的真正层次，只是把所谓的六大句子成分分为三个类别，或者说三个级别罢了。

总之，句子成分分析法是严重忽视句子的语法结构的层次性的，是不讲层次的，而这正是它问题的要害。史存直先生硬说句子成分分析法是有层次的，并说"它的层次简单而又自然"，这是不能说服人的。

语言的语法结构都是有层次性的。不论是句子（单句和复句）、词组、合成词，从表面看都是一个线状的东西，实际上在构造上都有着层次的透景，这是语言语法结构的特点之一。这一点已为大量语言事实所证明。要用来分析句子的语法结构而又严重忽视句子的语法结构的层次性，这样的分析方法使用起来必然处处碰到困难，产生矛盾。

句子成分分析法，顾名思义，它只是用来分析句子成分的。这就自己把自己框定在一个很狭小的适用范围内了。这虽然不是它的主要问题，但也影响了它对语言事实的解释能力。

§9. 以上我们着重分析了句子成分分析法的局限性以及造成这种

局限性的根本原因。但是,我们并不认为这种分析法是一无是处的。我们认为,句子成分分析法也有值得肯定和借鉴的地方,这也正是它所以对语言事实能有一定的解释能力的原因所在。

1. 句子成分分析法在一定程度上反映了句子的语法结构"递归性"的特点。

我们知道,句子的语法结构除了具有层次性的特点外,还具有"递归性"的特点。所谓句子的语法结构递归性,笼统地说是指包含在句子里的某个实词可以不断地被一个跟该词同功能的词组去替换。具体说来,可以从两个不同的角度去理解:一是指包含在句子里的某个实词可以不断地被以这个词为核心的向心结构所替代;二是指包含在句子里的一个实词可以以自己为核心跟别的词语进行组合,而所形成的词组又可以继续以自己为核心跟别的词语进行组合,并可以如此不断地组合下去。[18]请看:

(40)老师病了→隔壁的老师病了→隔壁的一位老师病了→隔壁的一位新来的老师病了→隔壁的一位新来的教历史的老师病了→……

(41)老师病了→教历史的老师病了→新来的教历史的老师病了→一位新来的教历史的老师病了→隔壁的一位新来的教历史的老师病了→……

根据句子的语法结构递归性的特点,我们可以把一个复杂的句子看作是一个简单句子的扩展(老师病了→隔壁的一位新来的教历史的老师病了);反之,我们可以把一个简单的句子看作是一个复杂的句子的紧缩(老师病了←隔壁的一位新来的教历史的老师病了)。正是由于句子的语法结构具有递归性的特点,因此人们可以用有限的词汇、根据有限的语法规则造出无限的句子来。句子成分分析法强调找中心词、抓主干，这在一定程度上体现了句子的语法结构递归性的特点，因此句子成分分析法对单句能有一定的解释能力。

但是我们知道，句子的语法结构的递归性和句子的语法结构的层次性是紧密相关的。句子的语法结构按递归性所进行的每一步扩展总是严守句子原有的语法结构层次的，换句话说，句子的扩展总是通过原来句子的直接组成成分的分别扩展来实现的；而每扩展一步，就将改变原语法结构层次上的直接组成成分，为句子的语法结构增添一个新的结构层次，同时改变原句子的意思。举个简单的例子来说，“弟弟去”如按递归性扩展为“我弟弟不去”，其扩展情况是：

（42）S_1: 弟弟 去。
主 | 谓
↓
S_2: 我 弟弟 不去。
主 | 谓 ……第一个层次
我 | 弟弟 | 不 | 去 ……第二个层次

$S_1 \rightarrow S_2$，是严守原层次，通过“弟弟”扩展为“我弟弟”、“去”扩展为“不去”实现的。扩展后没改变原来表示主谓关系的那个层次，但是直接组成成分改变了，换句话说充当主语、谓语的成分改变了：S_1 主语是“弟弟”，谓语是“去”；S_2 则主语是“我弟弟”，谓语是“不去”。并且增添了一个新的层次（S_1 只有一个层次，S_2 有两个层次）。这一来也就改变了句子的意思（$S_2 \neq S_1$）。由于句子成分分析法严重忽视句子的语法构造层次性，因此虽然它在一定程度上反映了句子的语法构造递归性的特点，但还是不能真正揭示句子的实际语法构造，这样势必大大影响它对语言事实的解释能力。

2. 句子成分分析法重视句子中词与词之间的语法关系。

句子中词与词不是随便凑在一起的，而总是按一定的语法关系组合在一起的。同样两个词，所依据的语法关系不同，组合成的语法结构意思就不同。例如：

(43) S_1：寄去了。（=寄了）　　S_2：寄去了。（=去寄了）

S_1 里“寄”和“去”是动补关系（也有人把它们看作合成谓语），S_2 里“寄”和“去”是连动关系。我们研究语法不能不注意研究词与词之间的语法关系。句子成分分析注意这一点，重视词与词之间的语法关系，这不能不说是它的可取之处，这就使它对语言事实能有一定的解释能力。但是，由于句子成分分析法严重忽视句子的语法结构层次性，这就决定它又不能真正揭示句子中各个词之间实际的错综复杂的语法关系，从而也就大大影响了它对语言事实的解释能力。

总之，句子成分分析法是有可取之处的，有一个事实足以说明这一点。目前我们在现代汉语语法研究中，越来越多的人采用直接成分分析法。直接成分分析法是从美国结构主义语言学中借鉴来的。但是必须看到，我们目前运用的直接成分分析法已跟美国结构主义的不同。美国结构主义在句法分析中不愿讲结构关系，因为这会涉及意义问题，而意义问题他们是竭力回避的。因此美国结构主义的直接成分分析法只讲结构层次，只作层次分析。“光是分析层次，远远不足以说明某一语言片段的特征。”[19]我们现在运用的直接成分分析法则考虑到汉语语法的特点，不仅讲结构层次，同时讲结构关系。[20]分析时，“把层次和关系都标出来，一个语言片段的面貌就清楚多了”。[21]这应该说是一种发展。可是其中讲结构关系这一点，不能不承认是从句子成分分析法中借鉴来的。

§10. 最后结论：句子成分分析法有值得肯定的地方，对语言事实也有一定的解释能力，它在汉语语法研究和语法教学中起过积极的作用。但是，这种分析法由于严重忽视句子的语法结构层次性，所以对语言事实的解释无论就广度和深度来说，都是有很大的局限性的，解释能力是比较小的。因此，在今后的汉语语法研究中，它还能不能给我们提供什么新的积极的东西，这个问题值得我们去深思。

§11. 余论：本文原想对两种分析方法都剖析一下，限于篇幅，只好先对句子成分分析法发些议论，不当之处请多批评。

现在大家都迫切希望汉语语法研究能有一个新的突破，向研究的深度和广度进军。研究上的突破往往有赖于研究方法，包括分析方法的革新。汉语语法研究之所以进度缓慢，很重要的一个原因就在于我们在研究中存在着墨守成法、缺乏创新的缺点。目前通行的另一种分析方法——直接成分分析法，应该说对语言事实的解释能力是比较强的，不失为汉语语法研究的一种基本分析方法，当然这种分析法也还有不完善的地方和一定的局限性。然而就是这样一种分析法至今在汉语语法学界还未被广泛承认和采纳。对于这一分析法需要进一步加以介绍、推广，使之普及，这对汉语语法研究是有利的。但是，真要想迎来汉语语法研究新的突破，光依赖直接成分分析法也是不行的。我们应该想得开些，深些；我们研究的路子应该多些，宽些；切忌只满足于某一种分析方法。

附　　注

① 黎锦熙先生在《新著国语文法》里提出的六种句子成分，跟现在通行的《暂拟汉语教学语法系统》（以下简称《暂拟系统》）所说的六种句子成分略有不同，比较如下：

《新著国语文法》　《暂拟系统》

主语————主语

述语————谓语

宾语————宾语

补足语：
工人是劳动者——连“是”一起看作合成谓语（是劳动者）
工人请我报告——连“请我”在内一起看作复杂谓语（请我报告）
工人称赞我公正——连“称赞我”在内一起看作复杂谓语（称赞我公正）

形容的附加语 ————————定语

副词的附加语{————————状语
————————补语

本文提到各种句子成分的名称时，一律按《暂拟系统》。

② 参看黎锦熙《新著国语文法》(§25)28页，商务印书馆，1954年，北京。

③ 详见拙著《汉语语法研究和教学中的一个重要问题》，载《中学语文教学》1980年11月号。

④ 按《暂拟系统》的看法，“收进来”合着作谓语。

⑤ 这里所说的合成谓语用的是《暂拟系统》的说法，指“判断词带名词”，如“(他)是工人”。

⑥ 按中学《汉语》课本的说法，“能愿动词+动词”看作合成谓语。

⑦ “我们五个人一组”按《暂拟系统》看作主谓词组作谓语。

⑧ “发现敌人的哨兵回营房了”，按《暂拟系统》看法，这里是主谓词组作宾语，前面省略主语。

⑨ “染红了”，按A义，结构层次该是“染红/了”，动词“染”的补语是“红”，“了”是附加在带结果补语的动补词组后面；按B义，结构层次则是“染/红了”，动词“染”所带的补语是“红了”，“了”只附加在“红”之后，这实际是“染得红了”的省略形式(省了“得”)。

⑩ 按《暂拟系统》，“数量词(动量)用在动词或形容词后边”看作补语。“放大了一点儿”，按A义，结构层次是“放大了/一点儿”；按B义，结构层次是“放/大了一点儿”，这实际是“放得大了一点儿”的省略形式(省略“得”)。

⑪ 现代汉语中带补语的成分，除了单个儿动词、形容词之外，还可以是动词、形容词性的联合结构，如“冲洗干净”“研究、讨论得很细致”“(他办事)干净、利索得很”，但这种联合结构只限于由单个儿动词或形容词构成。

⑫ 详见唐启运《句子成分论析》7页，上海教育出版社，1980年，上海。

⑬ 史存直先生所说的“补语(足语)”同黎锦熙先生的“补足语”。

⑭ 史存直《评几种新的句分析法》，载《华东师范大学学报》(哲学社会科学版)，1980年5月号。

⑮ 史存直先生在文中是这样主张的。

⑯ 中学《汉语》课本是这样做的，《句子成分论析》也是这样主张的。

⑰ 同⑫。

⑱ 由于各种因素的影响，事实上不可能不断地组合下去，有的即使能不断组合下去，也只能从理论上承认这种句子的合法性，实际语言中并不说。例如：

我知道。

我（知道（他知道））。

我（知道（他知道（我知道）））。

我（知道（他知道（我知道（他知道））））。

我（知道（他知道（我知道（他知道（我知道……））））……）。

⑲ 吕叔湘《汉语语法分析问题》58页，商务印书馆，1979年，北京。

⑳ 《现代汉语语法讲话》（丁声树等著）所运用的直接成分分析法就既分析结构层次，又讲结构关系，参看该书§3.6对“帝国主义的侵略打破了中国人学西方的迷梦”一例的分析说明（17页）。

㉑ 吕叔湘《汉语语法分析问题》59页。

（原载《中国语文》1981年第3期）

试论左右句子意思的因素

提要 句子是由词组成的,但是句子的意思并不等于包含在句子里的词的意思的总和或综合。这说明在由词组成句子的过程中有多种因素在左右着句子的意思。本文探讨并说明了汉语中左右句子意思的六个因素,它们是:a. 成分的异同,b. 词语的次序,c. 构造层次,d. 语法结构关系,e. 语义结构关系,f. 句调。

§1. 通常我们说"句子是拿词造成的"①。如果我们把这个话理解为句子的意思就是组成句子的各个词的意义的总和或综合,那就错了。我们在语言实践中经常会碰到的下述两种情况很说明这一点:

一种情况是同一个句子可以表示不同的意思。例如:"她洗得干净。"这个句子在某些场合是表示"她洗得非常干净"的意思,它的否定式是"她洗得不干净";在某些场合则是表示"她能洗干净"的意思,它的否定式则是"她洗不干净"。这就是一般所谓的句子的歧义现象。

另一种情况是句子里包含的每个词的意思都知道,但不能确切了解句子的意思。这一点在外语学习中表现得特别明显。举例来说,一位初学汉语的外国学生懂得"客人来了"的意思,但不一定能确切了解"来客人了"的意思,尽管其中所包含的"来""客人""了"这些词都已学过。同样,一位初学英语的中国学生,很可能把"Every one cannot be a poet."这个英语句子误译为:"每个人都不能成为诗人。"其实,这个句子应译为:"不是每个人都能成为诗人。"而误译的原因并不是他不认得这句子中每个英文单词。

上述两种情况说明,虽说句子是由词组成的,但是决定句子意思的并不只是词本身。可以想见,在由词造成句子的过程中,有多种因素在左右着句子的意思。本文正是要探讨这种左右句子意思的因素。

§2. 为了有利于探讨左右句子意思的因素，有必要先了解句子本身的构成。

我们说"句子是拿词造成的"，这个话是不错的，但是光凭这个话去理解句子是不够的。试比较下列三句话：

(1)我听说兰兰当上了劳动模范。

(2)兰兰当上了劳动模范的好消息着实使她奶奶高兴。

(3)兰兰当上了劳动模范。

在例(1)、(2)、(3)中都包含"兰兰当上了劳动模范"这一语言片段，但是人们只承认例(3)的"兰兰当上了劳动模范"是个句子，而不承认例(1)、(2)中的"兰兰当上了劳动模范"也是句子。这为什么呢？原来，所谓句子，它是话语中前后有较大语音停顿、伴有一定句调并能表示相对完整意义的一种语言片段。如果一个语言片段前后没有较大的语音停顿，它就不是一个句子。例(1)的"兰兰当上了劳动模范"，后面有较大的语音停顿，前面却没有；例(2)的"兰兰当上了劳动模范"，前面有较大的语音停顿，后面却没有；因此它们都不是句子，它们都只能是句子的一个组成部分(前者充当"听说"的宾语，后者加上"的"充当"好消息"的定语)。而例(3)的"兰兰当上了劳动模范"，前后都有较大的语音停顿，是句子。

可见，作为一个句子得包含三个部分：

a. 若干个按一定语法规则组织在一起的词；

b. 前后较大的语音停顿；

c. 一定的句调。

对于b我们也可以把它理解为一个完整句调的起点和终点。这样，上述三部分可合并为下列两部分：

I. 由 a 构成的句子的语段成分(segmental element);

II. 由 b、c 构成的句子的超语段成分(suprasegmental element)。

如果我们用 S 代表句子,W 代表词,两条斜线/ /表示前后较大的停顿,ST 表示句调,那末句子可以表示如下:

$$S=\Big/\frac{ST}{nW}\Big/$$

n 表示词的任意数。句子可长可短,最短的只有一个词,即 n=1。例如:

(4)“谁?” “我。”

在这类句子里,词和句子似乎重合了,其实二者是不同的。作为句子的“谁?”“我。”比作为词的“谁”“我”要多一些东西,这就是前后较大的停顿和一定的句调,也就是超语段成分。因此,它们还是分别代表着两种不同的语法单位。

了解句子的构成,对认识左右句子意思的因素将会有帮助。

§3. 根据汉语所提供的材料和已有的语法研究的成果,我们初步认为能左右句子意思的因素共有六个,它们是:

a. 成分的异同; b. 词语的次序;

c. 构造层次; d. 语法结构关系;

e. 语义结构关系; f. 句调。

下面分别加以说明。

§4. 关于成分的异同。

两个句子,假定为 S_1 和 S_2(下同),如果所包含的组成成分完全相同,它们的意思有可能完全等同;如果所包含的成分有所不同,它们的意思肯定会有所区别。例如：

(1) S_1. 我去。　　(2) S_1. 你去。

S_2. 你去。　　S_2. 你好。

例(1)两个句子谓语相同，主语不同，所以意思不同。例(2)两个句子主语相同，谓语不同，所以意思也不相同。再如：

(3) S_1. 我洗。

S_2. 我洗了。

例(3) S_1 和 S_2 主语相同，谓语有部分相同，S_2 比 S_1 多个"了"，二者意思也不同。在洗这个动作发生或完成之前，只能用 S_1 的说法；在洗这个动作发生或完成之后，就用 S_2 的说法。又如：

(4) S_1. 把桌子腿儿修一下。

S_2. 把桌子的腿儿修一下。

例(4) S_1 和 S_2 只差一个"的"字，意思还是有细微的差别。S_2 除了表示 S_1 的意思外，还包含这样一层意思，强调所要修理的只是桌子的腿儿，S_1 则不包含这层意思。

可见，组成成分不同，两个句子的意思总会有些差别。在实际语言中，我们绝对不可能找到组成成分不同而句子意思完全等同的两句话。因此，成分的异同是一个重要的左右句子意思的因素。

两句话的组成成分是否相同，不能只从表面的语音形式或书写形式看，要究其实质。例如：

(5) S_1. 要$_1$吃晚饭了。(相当于"需要吃晚饭了")

S_2. 要$_2$吃晚饭了。(相当于"快要吃晚饭了")

从表面看,S_1 和 S_2 所包含的词相同,实际上 S_1 里的"要$_1$"是动词,作"需要"讲;S_2 里的"要$_2$"是副词,作"将要"讲。语言中不少句子的歧义现象就是由句内包含有形同实异的词而造成的。再如:

(6) S_1. 这饭不热$_1$了。(相当于"这饭凉了")

S_2. 这饭不热$_2$了。(相当于"这饭不用熥了")

(7) S_1. 抽屉没有$_1$锁$_1$。(相当于"抽屉无锁")

S_2. 抽屉没有$_2$锁$_2$。(相当于"抽屉未锁")

§ 5. 关于词语的次序。

简称"词序"。"他个儿高"和"他高个儿",就包含的成分来说是相同的,但词序不同,所以意思不一样。"客人来了"和"来客人了"的区别也属这种情况。《在延安文艺座谈会上的讲话》中毛泽东同志批评某些党员说:

> 有许多党员,在组织上入了党,思想上并**没有完全入党**,甚至**完全没有入党**。这种思想上没有入党的人,头脑里还装着许多剥削阶级的脏东西,根本不知道什么是无产阶级思想,什么是共产主义,什么是党。

"没有完全入党"和"完全没有入党",词语位置不同,却说明了"思想上没有入党"程度不同的两种情况。

可见,词序是能左右句子意思的一个因素。这对于缺乏形态标志和形态变化的汉语来说，尤其显得重要。下面是类似的例子：

(1) S_1. 他不爱吃糖。 (3) S_1. 他是我老师的弟弟。
S_2. 糖他不爱吃。 S_2. 他是我弟弟的老师。
(2) S_1. 我来早了。 (4) S_1. 他批评我。
S_2. 我早来了。 S_2. 我批评他。

例(1)两个句子意思出入还不大，例(2)和例(3)里的两个句子之间的意思相差就很大；例(4)两句话的意思则正相反。

§6. 关于构造层次。

一个句子，如果只包含两个词，句子构造简单，只能有一种构造法：

W_1 W_2。(我 去。)

如果不只包含两个词，譬如说包含三个词，句子的内部构造可能有三种不同的情况：

a. W_1 W_2 W_3。("你家里还有什么人？""妈妈、姐姐、弟弟。")

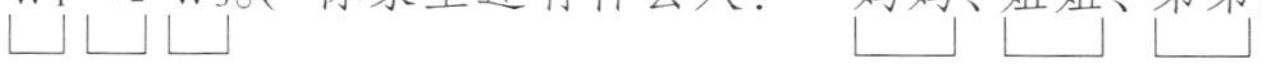

b. W_1 W_2 W_3。(我们看电影。)

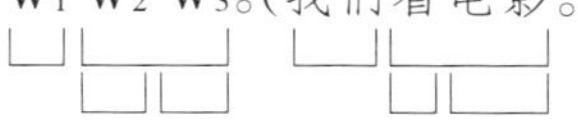

c. W_1 W_2 W_3。(养奶牛好。)

很明显，a、b、c 内部的构造层次是各不相同的。在 a 里，句子结构的直接组成成分是"妈妈""姐姐"和"弟弟"，它们处于同一层次平面上。在

b 里，“看”和“电影”结合紧密，先组合成一个单位，全句是由“我们”和“看电影”直接组合而成。c 则是“养”和“奶牛”先结合为一个单位，然后“养奶牛”再跟“好”直接组合成句子。由此可知，从表面看句子是词的线性的系列，其实句子里词和词之间结合的松紧程度是不一样的，词和词的组合有层次的透景，并不只是简单地相邻两个词挨次发生关系，而总是按一定的造句规则一层一层地进行组合的。

由于句子构造有层次性，因此，如果两个句子包含的词相同，词的排列次序也相同，也还不一定同义。事实上，许多句子所以会有歧义就是由于句子内部存在着不同的构造层次。例如：

（1）S_1. 他们三个人一组。

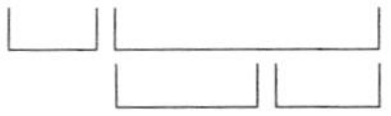

S_2. 他们三个人一组。

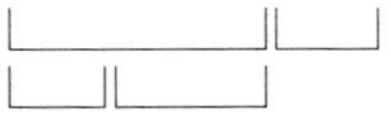

（2）S_1. 不适当地管教孩子，对孩子成长不利。

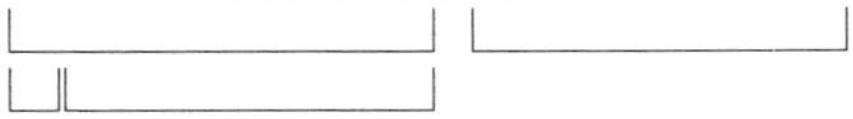

S_2. 不适当地管教孩子，对孩子成长不利。

（3）S_1. 小李一向反对哥哥袒护妹妹。

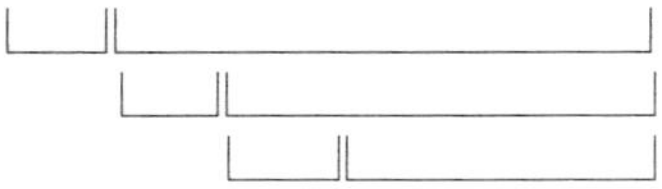

S_2. 小李一向反对哥哥袒护妹妹。

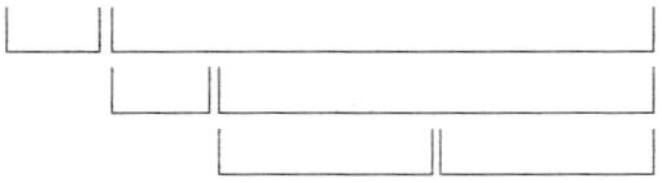

例(1)S_1 是“他们是三个人一组”的意思,S_2 是“他们三个人是一组”的意思。例(2)S_1 强调要注意加强对孩子的管教,S_2 则强调管教孩子一定要得当。例(3)S_1 是说小李对于哥哥袒护妹妹的做法一向持反对态度;S_2 是说小李一向对哥哥持反对态度,而对妹妹持袒护的态度。

可见,句子的构造层次是一个重要的左右句子意思的因素。

§7. 关于语法结构关系。

两个句子,包含的词完全相同,词的排列次序完全相同,句子内部的层次构造也完全相同,它们是否就完全同义呢?还不一定,还可能有歧义。例如:“我们需要学习文件。”这个句子就既可以理解为“我们需要供学习用的文件”,也可以理解为“我们需要学文件”。而这种歧义现象无法用上述三种因素作出解释。请看:

(1)S_1. 我们需要学习文件。(相当于“我们需要供学习用的文件”)

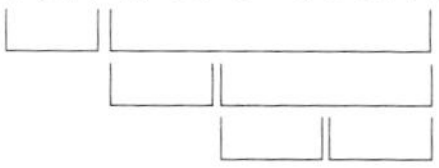

S_2. 我们需要学习文件。(相当于“我们需要学文件”)

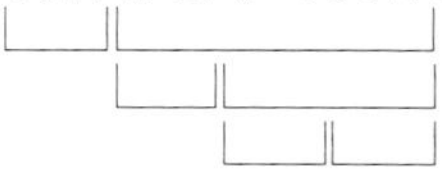

那么产生歧义的原因何在呢?就在于句子里的“学习”和“文件”之间可以有两种不同的语法结构关系:a.“学习”和“文件”是修饰关系,“学习文件”是个偏正结构,相当于“学习的文件”;b.“学习”和“文件”是支配关系,“学习文件”是述宾结构,相当于“学文件”。S_1 里的“学习文件”就属关系 a,S_2 里的“学习文件”就属于关系 b。对于 S_1 和 S_2,如果在进行层次分析之后,进一步对各构造层上的直接组成成分进行语法结构关系的定性分析,那末两句话意思不同的原因就揭示出来了。请看:

S1. 我们需要学习文件。

主 | 谓

述 | 宾

定 | 中

S2. 我们需要学习文件。

主 | 谓

述 | 宾

述 | 宾

很清楚,语法结构关系也是左右句子意思的一个重要因素。下面是同类的例子:

(2)S1.他寄去了。(相当于"他寄走了")

主 | 谓

述 | 补

S2.他寄去了。(相当于"他去寄了")

主 | 谓

连 | 动

(3)S1.解释不清楚。(相当于"没法解释清楚")

述 | 补

S2.解释不清楚。(相当于"这种解释并不清楚")

主 | 谓

(4)S1.我们不需要进口设备。(相当于"我们不需要进口任何设备")

主 | 谓

述 | 宾

状 | 中 | 述 | 宾

S2.我们不需要进口设备。(相当于"我们不需要进口的设备")

主 | 谓

述 | 宾

状 | 中 | 定 | 中

§8. 关于语义结构关系。

在语言实践中,常常会遇到这样一种情况,一个句子有歧义,而造成歧义的原因无法从上面所谈到的四种因素上去得到解释。例如："通知的人还没有来。"这句话既可以理解为"去通知的人还没有来"，也可以理解为"被通知的人还没有来"，但就其组成成分、词序、构造层次和语法结构关系看，并无异样之处。请看：

(1) S_1.通 知 的 人 还 没 有 来。(相当于"去通知的人还没来")

主		谓	
定	中	状	中
的字结( )构			状 ｜ 中

S_2.通 知 的 人 还 没 有 来。(相当于"被通知的人还没来")

主		谓	
定	中	状	中
的字结( )构			状 ｜ 中

这说明还有重要的左右句子意思的因素未被揭示出来。

为了揭示造成例(1)S_1 和 S_2 不同的原因，我们需要对例(1)作深一步的分析。我们发现，S_1 和 S_2 意思所以不同是由于"通知的人"这个偏正结构有歧义；而"通知的人"所以有歧义，是由于"通知"和"人"之间隐含着两种可能的关系：a. 动作和施事(动作者)的关系，b. 动作和受事(被动者)的关系。作关系 a 理解时，便是 S_1 的意思；作关系 b 理解时，便是 S_2 的意思。这种隐含的关系也属于语法的范畴，然而它跟诸如主语和谓语、述语和宾语，定语和中心语等这样的语法结构关系是性质不同的，它是另一种结构关系。这种结构关系着眼于实词性词语之间语义上的联系，它总是隐含在句子内部某些实词性词语之间。为了同语法结构关系区别起见，我们将这种结构关系叫作"语义结构关系"。语法结构关系是一种显性的结构关系，语义结构关系是一种隐性的结构关系。

毫无疑义，语义结构关系是直接左右句子意思的一个重要的因素。

为了更好地说明语义结构关系对句子意思的影响，不妨再比较下列三个句子：

a. 我吃完了。

b. 苹果吃完了。

c. 鸡吃完了。

a、b、c都是主谓句，它们的谓语完全相同。a和b都没有歧义，都只表示一种意思；c却有歧义。c既可理解为“鸡我吃完了”，也可以理解为“鸡把食吃完了”。为什么a和b没有歧义，而c会产生歧义呢，原因就在于a和b都只隐含一种语义结构关系——a隐含着施事和动作的关系，b隐含着受事和动作的关系；而c隐含着两种可能的语义结构关系，或是受事和动作的关系，或是施事和动作的关系。这足见语义结构关系对句子意思的影响。再如：

(2) S_1. 他谁都认识。（相当于“谁都认识他”，“他”是受事。）

S_2. 他谁都认识。（相当于“谁他都认识”，“他”是施事。）

应该承认，从语法结构关系看，S_1和S_2是同一种句型，都是小主语表示周遍意义的主谓谓语句。但是从语义结构关系看则又是不同的句型：

S_1：受——施——动

S_2：施——受——动

正由于语义结构关系不同，所以二者的意思也不同。

关于语义结构关系，还需要说明两点：

第一，语义结构关系并不只隐含在动词和名词之间，只表现为动作和施事或动作和受事的关系（如上面所举的例子）；语义结构关系也可以隐含在别的实词之间，表现为别的种种关系。例如：

(3)S_1. 这是闻一多先生的书。（相当于"这是闻一多先生所藏有的书"）

S_2. 这是闻一多先生的书。（相当于"这是闻一多先生所写的书"）

(4)S_1. 卖菜的篮子搁在哪儿？（相当于"卖菜用的篮子搁在哪儿"）

S_2. 卖菜的篮子搁在哪儿？（相当于"卖菜人的篮子搁在哪儿"）

(5)S_1. 她在沙发上绣花。（相当于"她坐在沙发上绣花"）

S_2. 她在沙发上绣花。（相当于"她正在把花绣在沙发上"）

(6)S_1. 衣服搁在大衣柜里。（相当于"衣服在大衣柜里搁着"）

S_2. 衣服搁在大衣柜里。（相当于"把衣服搁在大衣柜里"）

第二，语义结构关系，可以隐含在句子里出现的实词性词语之间（如上面所举各例），也可以隐含在句子里已出现的和句子里未出现的实词性词语之间。例如：

(7)S_1. 上学期考过的这学期不考了。（相当于"上学期已经考过的学生这学期就不考了"）

S_2. 上学期考过的这学期不考了。（相当于"上学期已经考过的内容这学期就不考了"）

按 S_1，隐含的语义结构关系是动作（"考"）和施事（"学生"）的关系；按

S_2，隐含的语义结构关系是动作（“考”）和受事（“内容”）的关系。但是，无论施事、受事，都没有在句中出现。

§9. 关于句调。

任何一个语言片段，都是声音和意义的结合体。句子之间意义上的差别，基本上都会在语音上得到反映。由于组成成分的不同或由于词序的不同而造成句子意思的不同，这当然会在语音上得到明显的反映。由于构造层次的不同而造成句子意思的不同，这在语音上也会有反映，突出的是音连（juncture）位置不一样。请看§6. 例（1）：

S_1. 他们#三个人一组。

S_2. 他们三个人#一组。

再看例（2）那句子成分：

S_1. 不#适当地管教孩子……

S_2. 不适当地#管教孩子……

由于语法结构关系的不同而造成的句子意思上的不同，这在语音形式上也有反映。拿§7. 例（1）的歧义点“学习文件”来说，当它为偏正结构时，重音在“学习”上；当它为述宾结构时，重音在“文件”上，即：

S_1. 我们需要′学习文件。

S_2. 我们需要学习′文件。

当然，各种不同的语法结构关系在语音上各有什么特殊的反映，目前还不清楚,有待于深入研究。

在这里,值得我们注意的是,在上述五种造句因素完全相同的条件下,句子仍然可以表示不同的意思。例如:

(1) S_1. 他不去了。

S_2. 他不去了?

S_1 和 S_2 意思上的差别,只能归结为句调的不同。句子说出来必得有句调,并且可以用不同的句调表示不同的意思。因此,句调也是个直接左右句子意思的因素。再如:

(2) S_1. 敌人进村了。

S_2. 敌人进村了!

S_3. 敌人进村了?

在 § 1. 中我们曾指出:

$$S=/\frac{ST}{nW}/$$

这就是说,句调 ST 本身就是句子的一个组成部分。这样说来,句调的不同也可看作是句子组成成分的不同,因而可归并到 § 3. 中去讲。但是, § 3. 中所说的“成分”是指词汇成分,它属于句子的语段成分,而这里所说的句调属于句子的超语段成分,二者不宜混为一谈。因此有必要把句调单列出来,看作是第六个左右句子意思的因素。

§ 10. 左右句子意思的因素就上述六个,其中句调属于句子的超语段成分的因素,其余五个属于句子的语段成分的因素,即:

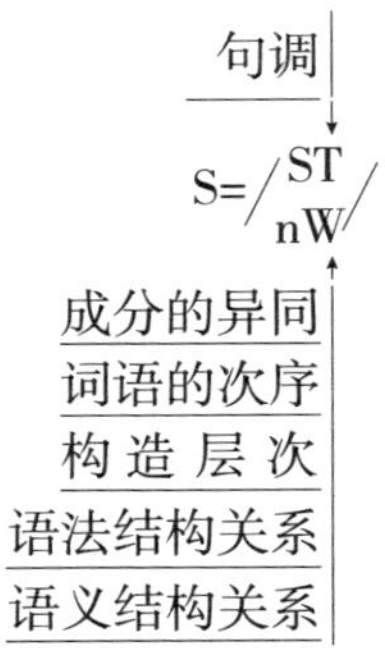

句调这一因素只影响句子的语气,由此影响句子的意思。其余五个因素对句子的语段成分的意思发生影响,从而影响句子的意思。

§11. 我们研究一种语言的句法,根本目的是要揭示该语言用词造句的内在规律。我们认为,对左右句子意思的因素进行探讨、研究,无疑将有助于句法研究的进一步深入,有利于句法分析法的进一步发展;而在外语教学中建立左右句子意思的因素这一观念也将是十分有益的。

附　　注

① 丁声树等《现代汉语语法讲话》§1.2,商务印书馆,1961 年,北京。

参考文献

陆俭明《汉语口语句法里的易位现象》(§7. 关于"倒装句"),《中国语文》1980 年第 1 期。

吕叔湘《汉语语法分析问题》,1979 年,商务印书馆,北京。

朱德熙《论句法结构》,《中国语文》1962 年 8、9 月号。

朱德熙《汉语句法里的歧义现象》,《中国语文》1980 年第 2 期。

N. Chomsky: *Syntactic Structures*, 85—91, 1957,又见中译本《句法结构》第 8 节,1979 年,中国社会科学出版社,北京。

R. S. Wells: Immediate Constituents, 1947, *Language*, 23, 9. 81—117.

(原载《新疆大学学报》1980 年第 4 期)

试论句子意义的组成

提要 本文在《试论左右句子意思的因素》一文的基础上，进一步对句子的意义进行了探讨。首先分析了左右句子意思的六个因素对句子意义的具体影响，说明了句子意义的构成，接着进一步分析说明了句子的意义跟句子在一定的交际中所传递的信息并不等量，最后就国外有些学者所提出的所谓“句子的内容”(the sentence content)这一概念进行了评论。

§0. 引言

谁都承认，句子的意义并不是组成句子的各个词的意义的简单的总和。在由词组成句子的过程中，有多种因素在左右着句子的意义。那么：(1)到底有哪些因素左右着句子的意义？(2)这些因素具体又是怎样影响句子的意义的？(3)句子的意义到底是由哪几部分意义组成的？(4)句子的意义跟句子在一定的交际中所传递的信息是不是一个东西？(5)如果不是，它们之间又是什么样的关系？这些问题都很值得探讨。关于问题(1)，我们在《试论左右句子意思的因素》[①]一文中已谈了初步的看法。本文将就后面那几个问题谈些不成熟的意见，以起引玉之砖的作用。

为了便于说明问题，本文还有必要先简略复述一下句子的构成和左右句子意义的因素。

§1. 句子的构成和左右句子意义的诸因素

1.1　为要说明在由词造成句子的过程中有多少种因素左右着句子的意义，有必要先说说句子本身的构成。

大家知道，句子是话语中前后有较大的语音停顿、伴有一定的完整句调的一种语言片段[2]，是最大的语法单位。因此作为句子一定包含这样三部分：

a. 若干个按一定语法规则组织在一起的词；

b. 前后较大的语音停顿；

c. 一定的句调。

前后较大的停顿也可以看作是一个完整句调的起点和终点。这样，上述三部分可合并为如下两大部分：

A. 由 a 构成的语段成分（segmental element）；

B. 由 b、c 构成的超语段成分（suprasegmental element）。

1.2　我们初步认为，在由词造成句子的过程中能左右句子意义的因素有以下六种：[3]

a. 句子中所包含的词；

b. 词语的次序（简称“词序”）；

c. 构造层次；

d. 词语之间的语法结构关系；

e. 实词性词语之间的语义结构关系；

f. 句调。

1.3　上下文语境（指上下文、全篇主题、本段主题、前句主题等。下同）[4]是否也可以看作左右句子意义的因素？似乎可以，并且似乎可以举出下面这样两个例证：

(一)一个有歧义的句子,如“考过的不考了”,在一定的上下文语境里歧义就消失了。例如:

(1)S_1.“王老师,上学期考过的内容还考吗?”“考过的不考了。”(=考过的内容不考了)

S_2.“老李,上次考过的人这次不考了吧?”“考过的不考了。”(=考过的人不考了)

(二)同一个句子在不同的上下文语境里传递的信息往往不同。例如问话“你有钱吗?”在某种上下文语境里能表示“如果你有钱,能否借给我一些”的意思;在某种上下文语境里能表示“如果你没有钱,我可以借些给你”的意思;等等。

上述两个例证好像很能说明上下文语境也是左右句子意义的因素,其实这只是表面看问题,起码可以说是一种误解。就例证(一)而言,上下文语境并未改变“考过的不考了”这个歧义句本身的意义,只是限定它在某种上下文语境里只能表示其中的某一种意义而已。例证(二)也只是说明一个句子在不同的上下文语境里可以传递不同的信息,并不表明上下文语境改变了原句子的意义;不管在哪个上下文语境中,“你有钱吗”这一问话的意义都是相同的。在这里,我们必须把句子的意义和句子在一定的上下文语境中所传递的信息区分开来,这二者有联系,但不是一码事(详见下文§4.)。

总之,上下文语境不能看作左右句子意义的因素。

§2. 各种因素对句子意义的不同影响

2.1 上述六种左右句子意义的因素中,包含的词、词序、构造层次、语法结构关系和语义结构关系这五种因素是属于句子的语段成分方面的，句调是属于句子的超语段成分方面的。前面那五种因素，对语段成分的意义发生影响，从而影响句子的意义；句调这一种因素，只影响句子的语气，由此影响句子的意义。但是，各种因素对句子意义的具体影响又各有不同。

2.2　在保证词序和构造层次相同的条件下，句子中词的不同对句子意义的影响将有以下三种情况（表中┌─┐↓或└─┘↑均表示影响，下同）：

	包含的词	语法结构关系	语义结构关系	句子的意义	例子	
a	不同	相同	相同	不同	（2）S_1：我吃了。 S_2：我喝了。 S_3：小李喝了。	（3）S_1：洗衣服。 S_2：洗芹菜。 S_3：切芹菜。
b	不同	相同	不同	不同	（4）S_1：我吃了 S_2：梨吃了 S_3：梨甜	（5）S_1：住新房子 S_2：住木头房子 S_3：住学校房子
c	不同	不同	不同	不同	（6）S_1：我参加 S_2：想参加 S_3：明年参加[⑤]	（7）S_1：洗衣服 S_2：洗干净 S_3：洗不洗

情况 a，包含的词的不同，并没有影响到词语之间的语法结构关

系,例(2)三个句子,其直接组成成分之间都是主谓关系,例(3)三个句子,其直接组成成分之间都是述宾关系;也没有影响到句中实词性词语之间的语义结构关系,例(2)三个句子都表示“施事—动作”关系,例(3)三个句子都表示“动作—受事”关系。各句子意义的不同纯粹是由具体的词汇意义的不同而造成的。

情况 b,包含的词的不同,并没有影响到词语之间的语法结构关系,例(4)三个句子,其直接组成成分之间都是主谓关系,例(5)三个句子的直接组成成分之间都是述宾关系,充任宾语的名词性短语,其直接组成成分之间都是定中关系。但是,包含的词的不同,影响到了句中实词性词语之间的语义结构关系。例(4)S_1 是“施事—动作”关系,S_2 是“受事—动作”关系,S_3 是“事物—性质”关系;例(5)三个句子的述语动词和作宾语的名词性短语之间的语义结构关系倒是相同的,都是“动作—受事”关系,但作宾语的名词性短语里充任定语的词和作中心语的词之间的语义结构关系则各不相同,S_1 里“新”和“房子”之间是“性质—事物”关系,S_2 里“木头”和“房子”之间是“质料—事物”关系,S_3 里“学校”和“房子”之间是领有关系。因此,情况 b 各句子意义的不同既是由于具体的词汇意义的不同,也是由句中某些实词之间的语义结构关系的不同而造成的。

情况 c,包含的词的不同,既影响到了词语之间的语法结构关系,也影响到了句中实词性词语之间的语义结构关系。拿例(6)来说,就语法结构关系看,S_1 是主谓关系,S_2 是述宾关系,S_3 是状中关系;就语义结构关系看,S_1 是“施事—动作”关系,S_2 是“意愿—目标”关系,S_3 是“时间—动作”关系。可见,情况 c 各句子意义的不同是由各句具体词汇意义的不同、各句内语法结构关系的不同和各句内实词之间的语义结构关系的不同这三者共同影响的结果。

从另一个角度看,包含的词不同对句子意义的影响又可分为这样两种情况：一是直接影响，即具体词汇意义的不同直接对句子意义的影响；二是间接影响，即通过改变词语之间的语法结构关系或实词之间的语义结构关系来影响句子的意义。

2.3 在句子所包含的词都相同的条件下，词序的不同，有时可不影响句子内各层结构平面的直接组成成分。例如：

（8）S_1. 不吃苹果。

S_2. 苹果不吃。

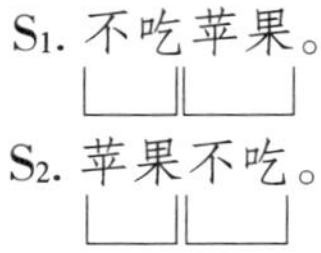

不过这种情况比较少，一般都要影响到句子内某一层结构平面的直接组成成分。例如：

（9）S_1. 他不吃苹果。

S_2. 苹果他不吃。

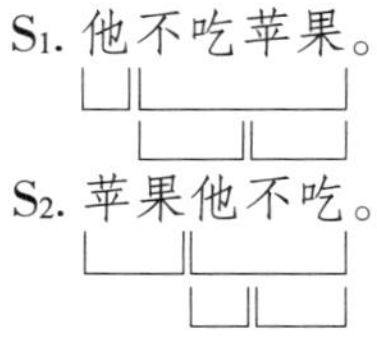

S_1 第一层结构平面的直接组成成分是“他”和“不吃苹果”，S_2 则是“苹果”和“他不吃”；第二层结构平面的直接组成成分，S_1 是“不吃”和“苹果”，S_2 则是“他”和“不吃”。

然而，不管是否影响到句子内某一层结构平面的直接组成成分，都将有可能影响到各句内词语之间的语法结构关系或语义结构关系，从而影响到句子意义的不同。具体说来也有三种情况：

情况 a，词序的不同并没有影响各句内实词之间的语义结构关系，但影响到了各句内词语之间的语法结构关系。例（10）S_1 是述宾关系，

S_2 则是主谓关系；例(11)S_1 是主谓关系，S_2 则是定中关系。两句意义的不同正是由语法结构关系的不同而造成的。

情况 b，词序的不同并没有影响各句内的语法结构关系，但是影响到了各句内实词性词语之间的语义结构关系。例(12)S_1 里“总理”是“爱”的施事，“人民”是“爱”的受事；S_2 里则“总理”是“爱”的受事，“人民”是“爱”的施事。例(13)S_1 里“弟弟”是“来”的施事，“弟弟”领属于“老师”；S_2 里则“老师”是“来”的施事，“老师”领属于“弟弟”。两句意义的不同正是由句内实词性词语之间的语义结构关系不同而造成的。

	词序	语法结构关系	语义结构关系	句子的意义	例　　子
a	不同	不同	相同	不同	(10) S_1：不吃羊肉。 S_2：羊肉不吃。 (11) S_1：眼睛大大的。 S_2：大大的眼睛。
b	不同	相同	不同	不同	(12) S_1：总理爱人民。 S_2：人民爱总理。 (13) S_1：老师的弟弟来了。 S_2：弟弟的老师来了。
c	不同	不同	不同	不同	(14) S_2：姐姐不吃买的熟菜。 ( ) S_2：不吃姐姐买的熟菜。 ( )

情况 c，词序的不同既影响到了各句内的语法结构关系，也影响到了各句内实词性词语之间的语义结构关系。就语法结构关系来说，S1 第一层是主谓关系，第二层是述宾关系，第三层是定中关系；S2 则第一层是述宾关系，第二层是定中关系，第三层是主谓关系。[⑥]就语义结构关系来说，S1 和 S2 也不同：

	施事		动作	受事
S1：	姐姐	——	吃	熟菜
	（ ）	——	买	
S2：	（ ）	——	吃	熟菜
	姐姐	——	买	

显然，S1 和 S2 两句意义的不同既是由于语法结构关系的不同，也是由于语义结构关系的不同而造成的。

从上述情况不难看出，词序的不同对句子意义的影响都是间接的，不是直接的。具体说，都是通过首先造成语法结构关系或语义结构关系的不同进而影响句子的意义的。

2.4　在句子所包含的词相同、词序也相同的条件下，构造层次的不同首先会影响到句子内某一层结构平面的直接组成成分。例如：

（15）S1. 他办事很有办法。

S2. 他办事很有办法。

（16）S1. 对老张的意见要分析。（=对这种意见要分析）

S2. 对老张的意见要分析。（=这种意见要分析）

例（15）两个句子，第一层结构平面的直接组成成分就不同了；例（16）

两个句子，第一层结构平面的直接组成成分相同，第二层结构平面（主语部分）的直接组成成分就不同。由于构造层次的不同而引起的句子内部某一结构平面的直接组成成分的不同必将引起句内各词语之间的语法结构关系的不同，并有可能引起句内各实词性词语之间的语义结构关系的不同。具体说来，又有下列两种情况：[7]

	构造层次	语法结构关系	语义结构关系	句子的意义	例子
a	不同	不同	相同	不同	（17）S1：我爸爸退休了。 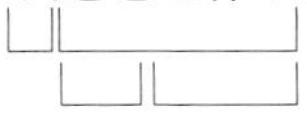 S2：我爸爸退休了。 
b	不同	不同	不同	不同	（18）S1：我记得照顾过她的孩子。 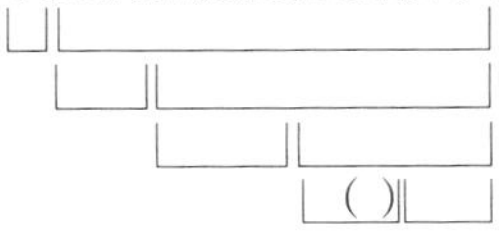 S2：我记得照顾过她的孩子。 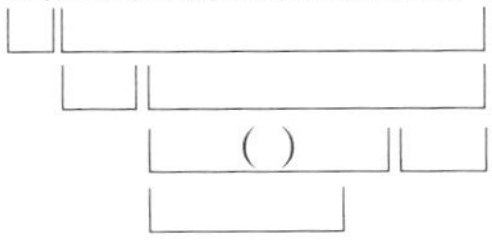

情况 a，构造层次的不同引起了句内某层结构平面的直接组成成分的不同，这虽未影响到句内实词性词语之间的语义结构关系，但影响到了句内词语之间的语法结构关系。例（17）S_1 和 S_2 句内实词之间的语义结构关系是相同的，都是“爸爸”为“退休”的施事，“我”和“爸爸”之间是领属关系。句内各词语之间的语法结构关系则不同：S_1 第一层是主谓关系，第二层（作谓语的成分）也是主谓关系，S_1 是个主谓谓语句；S_2 第一层也是主谓关系，第二层（作主语的成分）则是定中关系。S_1 与 S_2 意义

差别虽小,但还是有细微的差别,S_1 的话题是“我”,S_2 的话题是“我爸爸”,这种句子意义上的细微差别正是由语法结构关系的不同所造成的。

情况 b,构造层次的不同引起了句内某层结构平面的直接组成成分的不同,这不仅影响到了句内词语之间的语法结构关系,也影响到了句内实词之间的语义结构关系。例(18)S_1 和 S_2 第一、二两层的构造层次相同,全句都是主谓结构,谓语都是述宾结构,但充任宾语的短语构造层次不同,并由此影响到那短语内部的语法结构关系和语义结构关系的不同。从语法结构关系说,S_1 里那个短语是述宾结构,宾语是偏正结构“她的孩子”,S_2 里那个短语则是偏正结构,定语是一个由述宾结构加“的”形成的“的”字结构“照顾她的”;从语义结构关系看,在 S_1 里,“孩子”是“照顾”的受事,“她”和“孩子”之间是领属关系,在 S_2 里,则“孩子”是“照顾”的施事,“她”是“照顾”的受事。S_1 和 S_2 意义上的不同,正是由句中充任宾语的那个短语因构造层次不同而引起短语内部语法结构关系和语义结构关系的不同所造成的。

构造层次的不同对句子意义的影响也都是间接的,也都是通过改变句内词语之间的语法结构关系或句内实词性词语之间的语义结构关系来影响句子的意义的。

2.5 在包含的词相同、词序相同和构造层次相同的条件下,句中词语之间语法结构关系的不同要影响句子的意义。具体说来也还有两种情况:

一种是,语法结构关系的不同不影响句内实词性词语之间的语义结构关系,它直接影响句子的意义。例如“他买的那本书”,既可以分析为主谓关系(相当于“他买的是那本书”,用来回答“他买的是哪本书?”),也可以分析为定中关系(用来回答“你要看哪一本书?”)。无论作哪一种分析,都是“他”和“买”之间为“施事—动作”关系,“买”和“书”之间为“动作—受事”关系。两者意义上的不同纯粹是由语法结构关系的不同所造成的。

另一种是，语法结构关系的不同，同时引起句内实词性词语之间语义结构关系的不同。例如：

(19) S_1. 书他寄去了。(=书他去寄了)

S_2. 书他寄去了。(=他把书寄去了)

例(19) S_1 和 S_2 的歧义点在于谓语"寄去"。按 S_1，"寄去"分析为连谓关系(即连动关系)；按 S_2，"寄去"分析为述补关系。语法结构关系上的这一不同，影响到句中两个名词跟动词"去"之间的语义结构关系。按 S_1，"他"是"去"的施事，"书"和"去"没有直接的语义联系；按 S_2，"书"是"去"这一位移的主体，而"他"和"去"倒没有直接的语义联系。例(19) S_1 和 S_2 意义的不同，既是由"寄"和"去"之间语法结构关系的不同而造成的，也是由"去"和句内两个名词之间语义结构关系的不同而造成的。

可见，语法结构关系的不同，对句子的意义既有直接的影响，也有间接的影响。

2.6 在包含的词、词序、内部构造层次和内部语法结构关系都相同的条件下，句中实词性词语之间语义结构关系的不同总是直接影响句子的意义。大家所熟知的歧义句"鸡不吃了"，便是个很好的例证。因此语义结构关系总是直接影响句子的意义。

2.7 在包含的词、词序、内部构造层次、内部语法结构关系和语义结构关系都相同的条件下，句调的不同要影响句子的语气。句子的语气是句子意义中所不可缺少的部分，因此句调这一因素也总是直接影响句子的意义。

2.8 以上分析可归结为以下两点：

第一，只有包含的词、语法结构关系、语义结构关系和句调这四种因素是直接影响句子意义的;词序和构造层次则并不直接影响句子的意义,它们是通过影响句内词语之间语法结构关系或句内实词性词语之间语义结构关系来间接地影响句子的意义的,换句话说,词序和构造层次本身并不表示语法意义。

第二,包含的词、语法结构关系和语义结构关系直接影响句子的语段成分的意义,从而影响句子的意义;句调则是直接影响超语段成分的意义——语气,从而影响句子的意义。

§ 3. 句子意义的构成

3.1 通过 § 1. 和 § 2. 的分析,我们可以清楚地了解到,一个句子的意义是由两部分构成的:一是句子的语段成分的意义,一是句子的超语段成分的意义。

句子的语段成分的意义是由两种意义构成的:一是语段成分内所包含的词的具体的词汇意义,一是词与词组合所产生的抽象的语法意义。

词与词组合所产生的抽象的语法意义又可以分为两种:一是语段成分内词语之间的语法结构关系所赋予的语法意义,一是语段成分内实词性词语之间的语义结构关系所赋予的语法意义。

句子的超语段成分的意义就是句调所赋予的句子的语气意义。

3.2 整个句子意义的组成可图示如下:

句子的意义
- (甲)句子的语段成分的意义
  - (一)具体的词汇意义
  - (二)抽象的语法意义
    - (1)语法结构关系所赋予的意义
    - (2)语义结构关系所赋予的意义
- (乙)句子的超语段成分意义:句调所赋予的语气意义

§4. 句子的意义、句子的信息

4.1 句子,从语法的角度说,它是最大的语法单位;从表达的角度说,它是一个最基本的表述单位。一般将前一个意义上的句子称为“语言的句子”,或“抽象的句子”;将后一个意义上的句子称为“言语的句子”,或“具体的句子”。

句子的意义,是指作为语言的句子的意义,它就是由§3.里所讲的几部分意义组成的。而其中的每一部分意义,都依附于一定的形式。因此,作为语言的句子都是形式和意义的统一体。

句子的信息,则是指作为言语的句子在一定交际中所传递的信息。

作为一个“语言的句子”,只有意义,不传递信息。只有当它在一定的交际中作为“言语的句子”出现时,才传递信息。

4.2 一个“语言的句子”,当它在一定的交际中作为“言语的句子”出现时能传递什么样的信息,这一方面取决于该句子的意义,另一方面则取决于该句子所处的上下文语境。作为一个“言语的句子”它在一定的交际中能传递什么样的信息,总要受到上下文语境的制约。上下文语境是千差万别的,因此一个“语言的句子”当它作为“言语的句子”在不同的交际中出现时,所表示的信息也就往往各不相同。§1.里举到的“你有钱吗?”这一问话便是一例。再如:“现在都七点了!”作为一个“语言的句子”,大家对它的理解会是很一致的;作为一个“言语的句子”,它在不同的交际中所传递的信息将会各不相同:在有的语境中,它可能表示催促人快起床;在有的语境中,它可能表示催促人快上班或上学去;在有的语境中,它可能表示催促食堂快开饭;在有的语境中,它又可能表示埋怨会议开得太长,催促主持会议的人快点宣布散会;在有的语境中又有可能表示埋怨影剧院未按时放映电影或开演;等等。事实表明,一个大家都能理解其意义的“语言的句子”,当它作为“言语的句子”在不同交际中出现时能传递多少不同的信息,可能是说不完的。

4.3 通常,一个“语言的句子”当它作为“言语的句子”在一定交际中出现时所传递的信息量要大于句子的意义量,如上面所举的例子。这是因为上下文语境一般要赋予一定的信息量。当然有时句子的信息量就是句子的意义量。像上面所举的“现在都七点了”,当它作为“现在已经几点啦?”这一问话的答话,其信息量就是其意义量。

4.4 句子的信息不等于句子的意义,这是显而易见的。但是,句子的信息跟句子的意义有密切的关系。句子的意义是作为“言语的句子”传递信息的基础。句子的信息离开句子的意义便无从产生。听话者在交际中首先理解说话者每个句子的意义,在此基础上才能正确获得说话者每句话所要传递的信息。事实告诉我们,交际之所以能成为可能,首先就在于交际双方对作为“语言的句子”的意义能取得一致的理解。这是人们进行“有效交际”的必要条件。当然,这不是充分条件,对“有效交际”来说,还要求交际双方对上下文语境要有相同的了解和认识,这样,说话者通过“编码”组成的句子所传递的信息才能为听话者通过“译码”而获得正确的了解。

4.5 国外有些学者还引进了“句子的内容”(the sentence content)这一概念,认为作为“言语的句子”存在着与词“相类似的三位一体”(a similar trinity),那三位就是:

a. 句子的形式(the sentence form)

b. 句子的意义(the sentence meaning)

c. 句子的内容(the sentence content)[8]

语言学界还进行了所谓句子的意义和句子的内容之间的关系问题的讨论。国内也有学者就此问题发表了意见。可是,什么是句子的内容?

谁也没有交代清楚。这里我们不想对此问题发表过多的意见，只想指出一点：所谓句子的内容，其含义到底是什么，看来是很难说清楚的。事实上，无论从语法学的角度和语用学的角度说，也无论从信息论的角度说，建立“句子的形式”“句子的意义”“句子的信息”这三个概念是非常必要的，引进“句子的内容”这一概念则显然无益，会把本来容易说清楚的问题人为地弄得复杂化。

附　　注

① 见《新疆大学学报（社会科学版）》1980 年第 4 期。

② 这里没有提到“表示相对完整的意义”这一点，因为句子既然是一种语言片段，既然可看作最大的语法单位，那末它当然一定“表示相对完整的意义”。

③ 详见《试论左右句子意思的因素》一文。

④ 参见范继淹、徐志敏《人工智能和语言学》，《中国语文》1980 年第 4 期。

⑤ “ˈ”是重音符号，表示“明年参加”的自然重音在“明”上。

⑥ 严格说，无论是 S1 或 S2，第三层都应为“的”字结构，不同的是，S1 是“动词+的”形成的“的”字结构，S2 则是“主谓结构+的”形成的“的”字结构。

⑦ 似乎还有第三种情况：构造层次不同，语法结构关系相同，语义结构关系不同，句子的意义不同。例如：

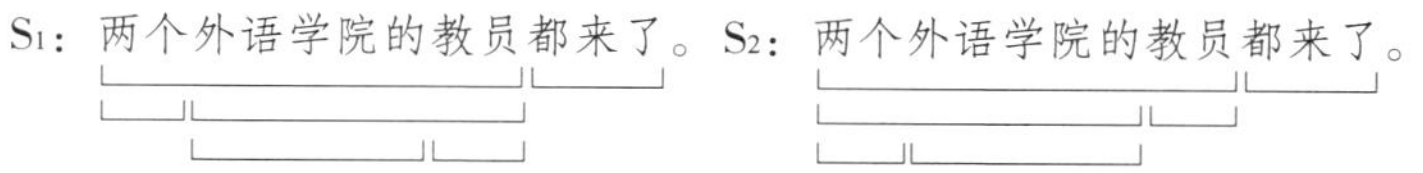

S1 和 S2，就某些实词性词语之间的语义结构关系看，是不同的，这比较明显；就语法结构关系看，二者似乎是相同的：S1 和 S2 全句都是主谓关系，那主语部分都包含着两层定中关系。其实，就词与词之间的语法结构关系看，二者还是不同的：S1 主语部分，定语是“两个”，中心语是“外语学院的教员”；S2 主语部分，定语是“两个外语学院的”，中心语是“教员”。换句话说，在 S1 里，“两个”是修饰“外语学院的教员”，而在 S2 里“两个”是修饰“外语学院”的。

⑧ 见 LÁSZLÓ ANTAL, *Content*, *Meaning*, *and Understanding*, § 3. Content and Understanding, Mouton and Co. The Hague, 1964.

参考文献

朱德熙《句法结构》，《中国语文》，1962 年 8—9 月号。

朱德熙《汉语句法中的歧义现象》，《中国语文》1980 年第 2 期。

邢公畹《说句子的"专化作用"》，《语文研究》1983 年第 2 期。

文　炼《词语之间的搭配关系》，《中国语文》1982 年第 1 期。

文　炼《关于句子的意义和内容》，《语文研究》1984 年第 1 期。

范继淹、徐志敏《语文的信息》，《中国语文》1979 年第 2 期。

范继淹、徐志敏《人工智能和语言学》，《中国语文》1980 年第 4 期。

范继淹、徐志敏《自然语言理解和现代语言学研究》，《语言研究》1983 年第 2 期。

陆俭明《试验左右句子意思的因素》，《新疆大学学报（社会科学版）》1980 年第 4 期。

〔波兰〕沙夫《语义学引论》，罗兰、周易合译，第 3 章，商务印书馆，1979 年，北京。

（原载《语言研究论丛》第 4 辑，1987 年）

现代汉语里动词作谓语问题浅议

§1. 黎锦熙先生在《新著国语文法》里认定，动词“是用来叙述事物之动作或功用的”，都能作述语，“所以动词就叫作述说词”。[①]黎先生所谓的述语就是现在一般所说的谓语。

《新著国语文法》是我国第一部系统的、有很大影响的白话语法著作。自《新著国语文法》以来，“现代汉语里的动词都能作谓语”，这几乎就成了现代汉语语法学中的不易之论。最近出版的某些语法论著认为，“动词作谓语，只要意念上能同主语搭配得拢就可以，不需要什么条件”。[②]

然而，语言事实告诉我们，现代汉语中的动词作句子的谓语并不自由，要受到很大的限制。

§2. 据我们考察，有相当一部分动词根本就不能单独作句子的谓语，像“避免”就不能单独作句子的谓语。我们不说：

*这种错误避免。

*一场无谓的争吵避免。

*我避免。

*你们避免。

*他们避免。

我们只能说：

(1)这种错误可以避免。

(2)一场无谓的争吵避免了。

(3)我避免跟他接触。

(4)你们在工作中要避免主观、片面。

(5)他们避免了一场事故。

例(1)—(5)都不能看作是动词“避免”作谓语的例子。例(1)作谓语的是“可以避免”,例(2)是“避免了”,例(3)是“避免跟他接触”,例(4)是“在工作中要避免主观、片面”,例(5)是“避免了一场事故”。下面略举些类似“避免”的动词:

企图	妄图	合乎	颠覆	背离
容纳	免得	使得	觉得	把握
摆脱	拜会	搬弄	包藏	保障
背叛	比如	辨别	表明	不加
加以	不惜	成为	变为	作为
沦为	安于	便于	等于	处于
善于	以为	认为	给以	乞求

就现代汉语中的常用动词看,不能单独作句子谓语的动词大约要占到50%。而这些动词不能单独作句子的谓语,并不是由语义搭配的问题造成的。

§3. 现代汉语中大约有50%的动词是可以单独作句子的谓语的,但也并不很自由,要受到语义上的限制。只有在下面几种语境中,这些动词才能单独作谓语:

一、表示意愿。例如：

(6)周繁漪:我喝,我现在喝!(曹禺《雷雨》)

(7)“谁去?”“我去。”

二、表示对比。例如：

(8)鲁　贵:……我先提你个醒。老爷比太太岁数大得多,大少爷不是这位太太生的。

鲁四凤:我知道。(曹禺《雷雨》)

(9)“他们抽烟吗?”“小张抽,小李不抽。”

三、表示祈使。例如：

(10)我问你,他是谁?你说。(曹禺《雷雨》)

(11)鲁四凤:妈,您喝。(曹禺《雷雨》)

四、提问。例如：

(12)谁去?

(13)现在谁看?

由于上述原因,因此在实际交际中,动词单独作谓语的动词谓语句所占比例是很小很小的。

§4. 如果在动词前后加些别的成分,或者变为一个重叠式,便能自由地作谓语了。以动词“喝”为例：

我不喝。	我一会儿喝。
我就喝。	我喝了。
他刚喝过。	他正喝着呢。
他喝牛奶呢。	他喝了一杯咖啡。
他喝完了。	我喝得很多。
你们喝喝。	我喝喝。
水喝完了。	牛奶已经喝了。
……	……

如果我们把单个儿动词看作是动词的简单形式，把动词前后加了些别的成分的动词性成分和动词重叠式看作是动词的复杂形式，那么我们可以说，在现代汉语里，动词的简单形式作句子的谓语不自由，要受到很大限制；而动词的复杂形式作句子的谓语相对来说要自由得多。

朱德熙先生(1956)曾将形容词性成分分为两类：(甲)形容词的简单形式，包括单音节形容词和一般双音节形容词；(乙)形容词的复杂形式，包括形容词重叠式、带后加成分或前加成分的形容词和以形容词为中心构成的词组。朱先生指出，形容词复杂形式充任谓语的句子可以独立出现；而形容词简单形式充任句子的谓语，“含有比较或对照的意思，因此往往是两件事对比着说的”，“只有在具体的语言环境能显示出比较或对照的意义时，这一类句子才单独出现”。(§3.)这也就是说，形容词简单形式作句子的谓语不自由，形容词复杂形式作句子的谓语要自由得多。很显然上文所说的动词简单形式作句子的谓语不自由，动词的复杂形式作句子的谓语是自由的这一语法现象与形容词简单形式作句子的谓语不自由，形容词复杂形式作句子的谓语是自由的这一语法现象正好是平行的。这种平行现象是很值得我们思考、深究的，它起码再一次说明现代汉语里的动词、形容词的语法性质是极为相近的。

§5. 以上是就句子平面上来说的。就词组平面看，动词单独充任主谓词组的谓语，相对说来要自由一些。如上面举到的“避免”“喝”在主谓词组里作谓语便没有什么限制。例如：

事故避免的原因是多方面的。
他喝的时候我在场。
他喝的是啤酒。

不过，不少动词即使在主谓词组里也还是不能单独作谓语，如“企图、妄图、免得、比如、不加、加以、不惜、沦为、作为、安于、便于、处于”等，因为这些动词后面非得带上宾语不可。

§6. 总之，在现代汉语里动词单独作谓语不自由，要受到限制。问题是为什么长期来大家发现不了、注意不到这一明显的事实，以至于时至今日仍有人认为动词作谓语是无条件的呢？这不能不说是传统的句法分析法——中心词分析法所带来的后果。

按传统的中心词分析法，上面所举的例(1)—(5)里的谓语都被认为是动词“避免”本身。因此，按中心词分析法，动词“避免”只要在意念上同主语搭配得拢，就可以无条件地作谓语。可是按照层次分析法，上面所举的例(1)—(5)作谓语的都不是“避免”本身，而是含有动词“避免”的动词性词组。

在这两种不同的分析，以及由此得到的这两种不同的认识中，哪一种更符合汉语事实？哪一种更有利于揭示汉语的语法规律？哪一种更有利于语法研究的深入？答案是不难作出的。从这里我们可以认识到，句法分析看来是个方法问题，技巧问题，实际上每种句法分析法都受一定的语法观的支配，因而对语法研究会有极大的影响——可能起推动语法研究向研究的深度、广度进军的作用，也可能起相反的作用。

附　注

① 黎锦熙《新著国语文法》9—11 页，13—14 页，商务印书馆，1954 年，上海。

② 吕冀平《汉语语法基础》79 页，黑龙江人民出版社，1983 年，哈尔滨。

参考文献

朱德熙《现代汉语形容词研究》，《语言研究》1956 年第 1 期。

（原载《语文论集》第 2 辑，1986 年）

关于零句和整句

提要 文章指出,“零句”和“整句”是赵元任先生在《中国话的文法》一书中所提出的新概念。赵先生这方面的观点和有关论述充分注意到了汉语语法的特点,并实际否定了 Noam Chomsky 关于 S→NP+VP 这一短语结构规则的普遍性,因此是有建设性的。但是赵先生的这一观点还是萌芽性的,还没有建立起完整的理论系统,因此在论述中有些问题交代得还不够清楚,有些论述还值得商榷。文章最后对赵先生关于零句、整句的论述作了一定的修正。

§0. 赵元任先生的《中国话的文法》(以下简称《文法》),是当今运用描写语言学方法全面、系统地分析描写现代汉语语法最有影响的一部著作。这部著作材料丰富,论述精到,有许多独到的见解。零句(minor sentence)和整句(full sentence)便是赵先生在《文法》中提出的两个新概念。本文试就赵先生这方面的观点及有关论述谈些粗浅的认识。

§1. 赵先生指出,从结构上来说,句子可以分为整句和零句。整句有主语、谓语两部分,零句不具有“主语—谓语”的形式。(§2.2)值得注意的是,赵先生在《文法》里进一步提出了以下几点有关的看法:

一、将整句看作是由两个零句合成的,这就是说,整句里的主语和谓语都可以分别看作零句。(§2.7.1)

二、将通常所说的主从复句里的从句看作主语,将主句看作谓语。(§2.12.5)

三、将通常所谓的主谓单句(即整句)和主从复句合为一类,称为复杂句(complex sentence);将通常所谓的联合复句称作复合句(compound sentence)。(§2.11.1)

四、将复杂句和复合句合为一大类,叫作复句(composite sentence),而与之相对的是单句(simple sentence)。(§2.11.1)

§2. 赵先生关于零句、整句的概念和有关论述,充分注意到了汉语的语法特点。

我们知道,“汉语缺少严格意义的形态变化”(吕叔湘,1979),因此汉语的句子构造有它自己的特点:

一、汉语里的一个句子,从构造上看,不像印欧语那样,以具备主语和谓语,并且谓语必须有一个定式动词(finite verb)作为其形式标志。因此,在汉语里,具有“主语—谓语”形式的句子(即整句)虽然是一种基本的句型,然而它只是在经过深思熟虑的有连贯性的话语里才是主要的句型(因此多见于书面语)。而在日常交际中,不具备“主语—谓语”形式的句子(即零句)居多,使用频率高,占着优势。这种不具备“主语—谓语”形式的句子最常见于对话里;不仅大量用于命令、呼唤、问答、感叹等话语里,也用于叙述的话语里。

二、即使是具备“主语—谓语”形式的句子,也跟印欧语里的句子不同。

首先,正如赵先生在《文法》里已经指出的,汉语句子里的主语和谓语的关系不一定是动作者和动作的关系(这种关系所占比例不超过50%),不能把这种关系看作汉语主谓关系的语法意义之所在。在汉语里,把主语和谓语当作话题和说明来对待,倒更合适。(§2.4.1)因此,汉语里的主语,从语法上来说,不一定由名词性成分充任,谓词性成分也可以充任。例如:

(1)打太极拳对身体有好处。

(2)吸烟很有害。

(3)不去也可以。

(4)好就是好,不好就是不好。

(5)他去比我更合适。

其次,也正如赵先生在《文法》里已经指出的,汉语里句子的主语和谓语之间的关系非常松散。(§2.4.1)这表现在:

a. 句子的主语或谓语常常可以省略,形成通常我们所说的不完全主谓句。

b. 主语和谓语可以易位(陆俭明,1980),例如:

他来了吗?～来了吗,他?

c. 主语和谓语之间可以有停顿,主语后头可以有停顿语气词,例如:

他已经走了。～他,已经走了。～他呀,已经走了。

d. 主语和谓语常常可以表现为自问自答的形式,例如:

他也回家了。～他呢?也回家了。

三、在汉语中,通常所说的主谓单句和主从复句之间存在着内在的联系。汉语中有许多主谓单句,不仅是由谓词性成分充任主语的主谓单句(如例(6)、(7)),就是由体词性成分充任主语的主谓单句(如例(8)—(12)),其主语和谓语之间都存在着通常认为只有主从复句的从句和主句之间才有的种种关系。例如:

(6) 不去没有关系。[假设]

(7) 去不去一样。[无条件]

(8) 大力士也不一定拿得起来。[容忍性假设]

(9) 大胖子还真钻不进去。[假设]

(10) 我啊,就饶不了他。[假设]

(11) 谁都不能违反交通规则。[无条件]

(12) 他父亲才能把他管住。[条件]

由于这些句子的主语和谓语之间存在着主从复句里从句和主句之间的关系,因此这些句子的主语头上都可以加一个表示主从关系的连词,相应的,谓语头上都有"也、还、就、都、才"等副词来与之呼应:

(6)' 要是不去也没有关系。

(7)' 不管去不去都一样。

(8)' 即使大力士也不一定拿得起来。

(9)' 假如大胖子还真钻不过去。

(10)' 要我啊,就饶不了他。

(11)' 无论谁都不能违反交通规则。

(12)' 只有他父亲才能把他管住。

一加上这些连词,例(6)'—(10)'是单句还是复句,就很难断定。

了解了汉语句子的上述特点,就可以认识到,赵先生在《文法》里建立"零句"和"整句"这两个概念,并以零句为更基本的单位,把具有"主语—谓语"形式的句子看成由两个零句合成的,把通常所说的主从复句也看成一个"主语—谓语"形式的句子,这都比较符合汉语的实际情况,在一定程度上揭示了汉语句子比较灵活多变松散的特点;

而且,这一来也就沟通了通常所说的主谓句和非主谓句之间,单句和主从复句之间在结构上的联系。这种观点对汉语句法研究是非常有启发性的。

§3. 赵先生关于“零句”“整句”的概念以及有关论述,实际上否定了乔姆斯基(Noam Chomsky)关于 S→NP+VP 这一短语结构规则的普遍性(S 表示句子,NP 表示名词性成分,VP 表示动词性成分,→表示重写符号),虽然在《文法》里赵先生自己没有那么明说。

《文法》成书、出版的时候,正是乔姆斯基的转换生成语法(transformational generative grammar)风靡一时的时候。赵先生对这一语言理论是采取审慎的态度的。赵先生在《文法》“绪论”一章中明确指出,由于至今未见有对哪种语言设计出了一套转换生成语法,因此我们还是采用比较守旧的直接成分层次分析法(hierarchies of ICs)作为探讨结构的主要方法(§1.1.1)

大家知道,乔姆斯基的转换生成语法是一个由句法、语义、语音三部分组成的庞大的规则系统。句法部分又包括三部分规则:短语结构规则、词汇规则和转换规则。短语结构规则里的基本规则是“X→Y”,即“把 X 重写成 Y”。按这一基本规则,乔姆斯基首先列出了如下一个描写句子的重写规则:

S→NP+VP

乔姆斯基等人都竭力将这一重写规则说成是能适用于描写任何语言的句子的规则。然而,事实告诉我们,用它来描写汉语句子就根本不适合。由于汉语缺少严格意义的形态变化,因此对汉语来说,“光凭词类和层次不能控制结构关系”(朱德熙,1982)。在汉语里,充任句子主语的不一定是 NP,也可以是 VP(已见例(1)—(7));反之,充任句子谓语的不一定是 VP,也可以是 NP,例如:

(13)她黄头发。

(14)我上海人。

(15)南京你,广州我。

因此,在汉语里作为具备“主语—谓语”形式的句子起码可以有以下四种模式:①

I. S→NP+VP(例略)

II. S→NP_1+NP_2(例(13)—(15))

III. S→VP_1+VP_2(例(1)—(7))

IV. S→VP+NP　　例如:

(16)干活儿我的事,玩儿他的事。

(17)录像程子龙,剪接王宝昆,解说赵忠祥。

赵先生关于“零句”“整句”的概念以及有关论述,正是建立在上述汉语事实的基础上的,因而事实上否定了乔姆斯基的“S→NP+VP”这一短语结构重写规则的普遍性。

§4. 赵先生关于“零句”“整句”的概念以及有关论述是很有建设性的,然而这毕竟还是赵先生的一种萌芽的想法,还没有建立起完整的理论系统。况且,《文法》“是一部讨论性的书”(《文法·序》),赵先生的注意力是放在对汉语语言事实的挖掘和描写上,以尽可能地揭示汉语语法的特点,而不在追求所谓语法体系的完整性。因此,在赵先生关于“零句”“整句”的概念和有关论述中,有些问题交代得还不是很清楚,有的问题还值得商榷。

4.1　赵先生在《文法》中,除建立了“零句”“整句”两个新概念外,还沿用了以下一些传统的概念：

单句（simple sentence）

复句（composite sentence）

复杂句（complex sentence）

复合句（compound sentence）

分句（clause）

《文法》运用这一套新旧概念所描写的现代汉语的句子系统（按构造的不同分）大致可图示如下（图中括号内注明目前一般通常的说法）：

- 句子 sentence
  - 单句 simple sentence ＝零句（通常所谓的非主谓单句）
  - 复句 composite sentence
    - 复杂句 complex sentence
      - ＝整句（通常所谓的主谓单句）
      - ＝（通常所谓的主从复句）
    - 复合句 compound sentence ＝（通常所谓的联合复句）

在这一句子系统的描写里，有几处交代得不是很清楚。

一、《文法》在描写通常所谓的主谓单句时，都使用零句、整句这两个新概念。纵观第二章“句子”前后内容，《文法》把整个主谓单句分成了以下四小类：

A. S_1→零句+零句（§2.7）［即主、谓语都不是主谓结构］

B. S_2→整句+零句（§2.8.6）［即主语为主谓结构］

C. S_3→零句+整句（§2.10）［即谓语为主谓结构］

D. S_4→整句+整句（§2.12.2）［即主、谓语均为主谓结构］

对于 A 小类（S_1），《文法》明确说它是个整句。那么 B—D 各小类（S_2、S_3、S_4）呢？是否也叫整句？不清楚。

二、《文法》把通常所说的主从复句里的从句当主语看，把主句当谓语看，把整个主从复句也看作一个“主语—谓语”形式的句子，因此将跟通常所说的主谓单句归为一类，称为复杂句。但是令人不解的是，《文法》在描写这种复杂句时从不用零句、整句的概念，只用分句的概念。这为什么？不清楚。

另外，从结构上看，通常所说的主从复句也可以有四小类：

A'. S_1→非主谓结构+非主谓结构［即从句和主句都不是主谓结构］

B'. S_2→主谓结构+非主谓结构［即从句为主谓结构］

C'. S_3→非主谓结构+主谓结构［即主句为主谓结构］

D'. S_4→主谓结构+主谓结构［即从句和主句均为主谓结构］

A'、B'、C'、D'跟上文所说的A、B、C、D在结构上是否平行？如果是平行的，A'、B'、C'、D'是否也可以分别描写为：

A'. S_1→零句+零句

B'. S_2→整句+零句

C'. S_3→零句+整句

D'. S_4→整句+整句

A'是否也可以叫作整句？不清楚。

三、通常所说的多重复句，《文法》根本就没有提及。在一个多重复句里，复杂句和复合句往往是错综复杂地组合在一起，那么怎么用复杂句、复合句、零句、整句这些概念来描写这种通常所说的多重复句呢？也不清楚。

4.2　《文法》把充任句子主语或谓语的主谓结构也看作整句（§2.8.6，§2.10，§2.12.2），这一点我们认为值得商榷。

大家知道，在印欧语里，例如在英语里，一般说可以拿结构标准来规定一个句子：一个具备主语和谓语两部分的语言片段便是一个句子。对于汉语里的句子，早期的语法著作，如黎锦熙先生的《新著国语文法》，仿照英语语法，也以结构标准来规定句子，把凡是具备主语、谓语的语言片段一律看作句子。[②]后来大家逐渐认识到，汉语里的句子不能拿结构标准来规定，得拿语音标准来规定。最早注意到这一点的是吕叔湘先生。[③]《文法》也是拿语音标准来规定汉语的句子。在第二章"句子”一开头就明确指出：句子是前后都以停顿为界的一个语言片段。（§2.1.1）拿语音标准来规定句子，应该说这是完全符合汉语实际的。

可是，《文法》又把充任句子主语或谓语的主谓结构看作整句，这显然跟以语音标准来规定句子的原则相背。

《文法》将句子分为零句和整句是从结构着眼的，零句不是“主—谓”的形式，整句是“主—谓”的形式。我们所以同意这种分类，因为这是在已经以语音标准确定句子的前提下再以结构标准将句子进一步分类的。这就是说，零句和整句都应该是句子平面上的概念，而不是词组平面上的概念；主谓结构和整句之间，非主谓结构和零句之间不能画等号，即：

主谓结构≠整句

非主谓结构≠零句

《文法》将整句看作由两个零句合成的，这样做并不违反以语音标准规定句子的原则，因为从语音上来看，汉语句子的主语和谓语之间有一个停顿或可能有的停顿间隔着。（§2.3.1）

可是把充任句子主语或谓语的主谓结构看作整句，这就违背了以语音标准规定句子的原则了。为便于说明，我们不妨将由主谓结构充任主语的句子写成：

$$S \rightarrow (NP + VP_1) + VP_2$$

〔猫　比狗凶　是会的〕

如果我们同意《文法》的说法，将这里的“$NP+VP_1$”（“猫比狗凶”）看作整句，这就意味着除了全句谓语 VP_2（“是会的”）可以看作零句外，NP（“猫”）和 VP_1（“比狗凶”）也可以看作零句（因为凡整句都可以看作由两个零句合成的）。然而语言事实告诉我们，在上面的句子里，将 VP_2（“是会的”）看作零句是可以的，因为 VP_2 前面有个半停顿，后面有个全停顿。但是，NP（“猫”）和 VP_1（“比狗凶”）都不能看作零句，因为 NP 前面虽然有一个全停顿，后面却没有全停顿或半停顿；而 VP_1 后面虽然有个半停顿，前面却没有全停顿或半停顿。既然 NP 和 VP_1 都不能看作零句，那么理所当然地不能将这个充任句子主语的“NP + VP_1”（“猫比狗凶”）看作整句，尽管 NP 和 VP_1 之间是主谓关系。同样的道理，也不能将充任句子谓语的主谓结构看作整句，例如不能将“他呀，耳朵软。”这个句子里的谓语“耳朵软”看作整句，尽管“耳朵软”是个主谓结构。

如果不将充任句子主语或谓语的主谓结构看作整句，那该看作什么呢？也看作零句？如果看作零句，这岂不跟当初以结构标准区分整句和零句相抵触了吗？这是个问题。我们认为，如果决定在汉语语法描写里采纳零句、整句的概念，那么可以将充任句子主语或谓语的主谓结构叫作零句，而有必要对零句、整句这两个概念作适当的修正，主要是要扩大零句的范围。我们的具体考虑是：

A. 以语音标准规定汉语句子，这是个原则。

B. 以上述 A 这一原则为前提，一个前后都各有一个全停顿的语言片段，如果是一个“主—谓”形式，称之为整句，如果是个非“主—谓”形式，称之为零句。

C. 鉴于汉语里整句的主语和谓语之间总有一个半停顿或可能有的半停顿间隔着，所以可以将具备“主—谓”形式的整句看作由两个零句合成的，即：

整句→零句(主)+零句(谓)

整句里的零句前后一定有一个全停顿，另一个只是半停顿。这跟上述 B 里提到的零句(前后都是一个全停顿)略有不同。我们不妨将 B 里提到的零句叫独立的零句，将整句里的零句叫作半独立的零句，以示区别。

D. 从结构上看，独立的零句一定是个非“主—谓”形式；半独立的零句，可能是个非“主—谓”形式，也可能是个“主—谓”形式。

这样，我们所说的零句比《文法》所讲的范围要大些，它将包括：

a. 非“主—谓”形式。前后都有全停顿的，为独立的零句；前后有一个全停顿，有一个半停顿的，为半独立的零句。

b. “主—谓”形式。前后只有一个全停顿，另一个是半停顿，此种零句为半独立的零句。

相应地，整句的范围比《文法》讲的要小些，只指前后有全停顿的“主—谓”形式的语言片段。

附　注

① 我们将主谓结构看作一种特殊的 VP，因此由主谓结构充任主语或谓语的句子，可分别纳入 I、III、IV 模式里。

② 参看黎锦熙《新著国语文法》§13，§121，商务印书馆，1954 年，上海。

③ 吕叔湘先生认为，“句子是独立的表现单位”，凡是主语和谓语的结合不独立时，便不能称为句子。吕先生这里所谓独立不独立就是指是否单说，也即是否前后都有全停顿。参看吕叔湘《中国文法要略》§2.41，商务印书馆，1956 年，上海。

参考文献

金　风《介绍〈汉语口语语法〉》，《语言教学与研究》1980 年第 3 期。
陆俭明《汉语口语句法里的易位现象》，《中国语文》1980 年第 1 期。
吕叔湘《汉语语法分析问题》，商务印书馆，1979 年，北京。
朱德熙《语法分析和语法体系》，《中国语文》1982 年第 1 期。

（原载香港《语文杂志》总第 11 期，1983 年）

名词性“来信”是词还是词组

提要　名词性“来信”，有人处理为词组，理由是可以扩展为“来的信”；有人处理为词，凭的是直感。本文判定这个“来信”是词，不是词组，其方法是把它放到整个现代汉语语法系统中去考察。考察结果发现，若把“来信”处理为词组，句法平面上通不过；若把“来信”处理为词，在词法平面上则是允许的。至于“来信”可扩展为“来的信”这完全是一种假象。事实上从整个语法系统看，“来的信”不是名词性“来信”的扩展式，而是动词性词组“来信”的变换式。文章最后指出，名词性“来信”是词还是词组的讨论，从另一个角度看，涉及在语法研究中如何处理共时语料内不同层次的问题。

§0.“来信”有两个，一为动词性成分，意思大致相当于“写信来”，例如：

蓝露，你到了北京就来信，免得你妈妈牵挂。

一为名词性成分，意思相当于“来的信”，例如：

你的来信唤起了我对童年生活的回忆。

本文要讨论的是名词性的“来信”，因为动词性“来信”是词组，这在语法学界没有什么分歧意见；而名词性“来信”是词还是词组，尚有不同的看法。

§1. 怎样区分合成词和词组，前人曾提出过一些区分的方法，主要有两种：同形替代法和扩展法。[①]无论用同形替代法或扩展法，“来信”只能被分析为词组。

用同形替代法来分析，“来信”里的“来”和“信”都分别能被替换：

来信	来信
来电	回信
来人	复信
来宾	贺信

上面的替换完全符合同形替代的原则。无论是对“信”的替换或是对“来”的替换，都符合“同类替代”的原则；替换后所得的格式（“来电、来人、来宾”或“回信、复信、贺信”）都与“来信”同类（都是偏正式，都是名词性的）。显然，用同形替代法来分析“来信”只能得出它是词组的结论。

用扩展法来分析，“来信”可以进行合乎要求的扩展，即可以进行“延伸扩展”：[②]

来信 → 来的/信 → 来的/一封信

因此，用扩展法来分析同样也只能得出“来信”是词组的结论。

总之，无论用同形替代法或扩展法来分析，都只能得出“来信”是词组的结论。然而，大家总觉得“来信”是词，不是词组。[③]《现代汉语词典》就是把“来信”作为词收入的。我们该怎么看待这个矛盾呢？

我们认为，用同形替代法分析“来信”之所以会得出“来信”是词组的结论，这是由同形替代法本身的问题所造成的。以往的研究实践已经表明，用这种方法来分析，大部分合成词都成了词组了，因此同形替代法不能用来作为区分词与非词的方法。[4]而用扩展法分析“来信”之所以也会得出“来信”是词组的结论，则不是扩展法的问题，而另有原因。

§2. 现在我们不妨先把“来信”放到现代汉语整个语法系统中去考察一下。

现在先从句法角度来考察分析。

大家都承认，现代汉语里的动词一般不能直接作名词的定语。一个动词如果要修饰名词一般得带上“的”（严格地说，那个动词得先跟结构助词“的”组成“的”字结构，而后由这个“的”字结构去修饰名词）。因此在现代汉语里只有“看的书”“写的信”这样的偏正结构，没有“看书”“写信”这样的偏正结构（“看书”“写信”只能被看作述宾结构）。类似的例子如：

用的钱（*用钱） 取的包裹（*取包裹） 喝的水（*喝水） 拿的衣服（*拿衣服）
养的鸡（*养鸡） 抢的东西（*抢东西） 借的书（*借书） 洗的衣服（*洗衣服）
买的梨（*买梨） 参观的人（*参观人） 吃的鱼（*吃鱼） 听说的事情（*听说事情）

有例外，那就是有少部分双音节名动词可以不带“的”直接修饰一个双音节名词。[5]例如：

研究课题 参观人数 驾驶技术 救济金额
剥削制度 演出人员 处理意见 讨论地点
建设速度 调查项目 分析方法 准备情况

名词性“来信”里的“来”和“信”之间显然是修饰关系，而“来”既非双音节词，也不具备名动词的特性。因此，如果把“来信”处理为词，不会跟现代汉语句法规则相抵牾；反之，如果把“来信”处理为词组，就会跟上述句法规则相抵触。

总之，从现代汉语句法平面看，把“来信”处理成词为好。

§3. 现在再从词法角度来观察分析一下。

从现代汉语词法角度看，一个表示行为动作的语素（以下简称“动语素”）和一个表示事物的语素（以下简称“名语素”）组合构成偏正式复合名词，这在现代汉语里是大量存在的。例如：

A. 制品　归途　刊物　贡品　诱饵　遗体　唁函　居民
　贺礼　叛徒
B. 唱腔　哭声　讲师　读物　染坊　飞机　补品　烤鸭
C. 视线　窃贼　贺信　驳船　导板　遗像　悼词

语素，按其能否单独成词，可以将它分为“成词语素”和“不成词语素”两类。[⑥]A 组词，是由“不成词动语素+不成词名语素”构成的；B 组词，是由“成词动语素+不成词名语素”构成的；C 组词，是由“不成词动语素+成词名语素”构成的。不管 A 组词、B 组词或 C 组词，由于其中含有不成词语素，因此将它们分析为词是理所当然的。

我们看到，在现代汉语里也还存在着由“成词动语素+成词名语素”构成的偏正复合名词，而且是大量的。例如：

D. 唱词　擦音　拖船　插图　赛车　熏炉　帮手　回音
　磨盘　搓板　挂面　挡车　烤炉　刨冰　起点　蒸锅
　摆钟　刮刀　踏板　切面　裂缝　流星　爱人　拉锁

上述事实说明，从词法角度看，把名词性“来信”处理为词是完全可行的。“来信”就是一个由“成词动语素+成词名语素”构成的偏正式复合名词。

§ 4. “来信”似乎跟 D 组名词不同，D 组名词不能中间加“的”进行扩展，而“来信”可以扩展为“来的信”。其实这是一种假象。从整个现代汉语语法系统看，“来的信”根本不是从名词性的“来信”扩展来的，而是从动词性的“来信”变换来的。理由如下：

第一，上文已经指出，从现代汉语句法平面上看，没有“看书”“写字”这样一类由一个单音节动词直接作名词定语的偏正结构；名词性“来信”不是句法平面上的组合。既然如此，那末“来的信”就不可能是名词性“来信”的扩展式。

第二，从现代汉语句法平面上看，由单个儿动词和单个儿名词形成的述宾结构，不管其宾语从语义上说是述语动词的受事还是施事，大都能在中间插入一个“的”字变换为一个名词性偏正结构，即：VN→V 的 N（V 代表动词，N 代表名词，“VN”代表述宾结构，“V 的 N”代表偏正结构），例如：

写信 → 写的信	喝水 → 喝的水
吃苹果 → 吃的苹果	买西瓜 → 买的西瓜
掌握技术 → 掌握的技术	驾驶汽车 → 驾驶的汽车
参观展览会 → 参观的展览会	来客人 → 来的客人
住人 → 住的人	流眼泪 → 流的眼泪

这也就是说，在现代汉语里述宾结构中间插入“的”变换成一个偏正结构是一个普遍现象。因此，把一个显然属于“V 的 N”组合的“来的信”

解释为由述宾结构 VN“来信”中间插入“的”变换来的，这应该说是合乎情理的。

第三，在现代汉语里，由“成词动语素+成词名语素”构成的偏正式复合名词中，凡是似乎能插入“的”进行扩展的那些组合，一定同时可分析为述宾结构，因而一定是一个有歧义的同形异构组合。“来信”就是这类有歧义的同形异构组合中的一个。下面再举些例子：

炒菜（来一个炒菜|你去炒菜）
存款（那笔存款把它取出来吧|他上银行存款去了）
烤肉（要了一盘儿烤肉|你会烤肉吗）
炸鱼（买一斤炸鱼|我去炸鱼）
腌菜（他不爱吃腌菜|我会腌菜）
烙饼（来一斤烙饼|他也学会烙饼了）
煎鸡蛋（我想吃煎鸡蛋|你起码得学会煎鸡蛋）

上面所举的几个例子都是有歧义的同形异构组合，即除了可看作名词外，都还可以被分析为述宾结构，所以都容许插入一个“的”字：

炒的菜　存的款　烤的肉　炸的鱼　腌的菜　烙的饼　煎的鸡蛋

显然，“来信”跟 D 组名词没什么不同。其实它就属于 D 组名词。说名词性“来信”可以扩展为“来的信”这完全是一种假象。事实证明，“来的信”不是名词性“来信”的扩展式，而是动词性“来信”的变换式。

§5. 根据上文§3.—§4. 的分析，名词性“来信”是词，不是词组，那么为什么在§1.里用扩展法来分析“来信”时会得出它是词组的结论呢？不是扩展法有什么弊端，而是我们原先的分析中存在着问题，那就是误将动词性“来信”的变换式“来的信”看成了名词性“来信”的扩展式；而所以会犯这样的错误，就在于当我们考虑名词性“来信”能否扩展时，没有把它放到现代汉语整个语法系统中去考察，而只是表面地看到语言事实里存在着“来的信”的说法，“来的信”与名词性“来信”有着极大的相似性（在结构性质和意义上），就轻率地断言“来的信”是名词性“来信”的扩展式。这不能不说是一个教训。

§6.“来信”是词还是词组的讨论，从另一个角度看，可以说也还涉及怎样处理共时语料内部不同层次的问题。如果我们不分文言和现代语，只要是现代汉语里存在的现象，就笼而统之不加区分地进行分析描写，那末就可能会从“来信”“存款”和“驾驶技术”“研究课题”等组合中，得出这样一条事实上并不符合语言实际的现代汉语句法规则：动词可以直接作名词的定语。而且可以举出不少实例：

废票（废的票）　　积雪（积的雪）　　卷烟（卷的烟）
烧鹅（烧的鹅）　　飞船（飞的船）　　补药（补的药）
煮花生（煮的花生）　　炸丸子（炸的丸子）

如果我们在研究中能注意到现代汉语共时语料中文言和现代语的层次区别，我们便不难发现，直接作名词的定语，这是文言中的一条句法规则。我们知道，在古汉语里动词（古汉语里基本都是单音节词）直接作名词的定语这并不是罕见的现象。例如：

谨权量，审法度，修废官，四方之政行焉。兴灭国，继绝世，举

逸民，天下之民归心焉。（《论语·尧曰》）

掘井九轫而不及泉，犹为弃井也。（《孟子·尽心上》）

蔓草犹不可除，况君之宠弟乎？（《左传·隐公元年》）

千金，重币也；百乘，显使也。（《战国策·齐策》）

存亡越，霸勾践。（《史记·淮阴侯列传》）

弃成功，就败事。（《汉书·东方朔传》）

但是，汉语发展到今天，正如我们在上文§2.里已经指出的，除了少部分双音节名动词之外，一般动词都不再能直接作名词的定语了。“动+名→名”这种组合方式基本上只在构词中还保留着。

朱德熙先生最近指出：“进行语法研究的时候，必须区别语料中的不同层次以保证研究对象内部的均匀和一致。”其中也提到了要注意“文言与现代语的区别”。[7]朱先生的意见是完全正确的。我们在讨论某个组合（譬如像“来信”）是词还是词组时，也必须充分注意到这一点。

§7.从上面对名词性“来信”是词还是词组的讨论中，我们是不是可以悟出这样一个含有普遍意义的道理，那就是当我们分析某个语言现象时，一定要思考这样两个问题：1）分析所得的结果放到整个语言系统中去看是否合理？2）在研究中是否注意了语料中不同层次的区别？

附　注

①　同形替代法是陆志韦先生在三十年代写成、1951年正式出版的《北京话单音词词汇》一书中所采用的方法，扩展法是陆志韦先生于1955年公开声明放弃同形替代法之后在1964年出版的《汉语的构词法》一书中所提出的方法。扩展法后被广为采纳，至今仍被认为是几种分析方法中最为合理的一种。另外，王力先生曾先后在1943年出版的《中国现代语法》（第一章第一节）和1944年出版的《中国语法理论》（第一章第一节）里提出过插入法（或称隔开法）。从

本质上说，王力先生的插入法可归属于扩展法，所以本文不专门加以评论。

② “延伸扩展”说法见于卞觉非《略论语素、词、短语的分辨及其区分方法》，《语文研究》1983 年 1 期。

③ 陆志韦先生在《汉语的构词法》一书中没提到“来信”，但是从他对“动→名⇒名词”的处理看，他会认为名词性“来信”是词，不过所说的理由是缺乏说服力的。他在讨论 2 类“动→名⇒名词”时说：“在动→名格上，插‘的’之后可以表达两种不同的意义，相当于不同的语法结构。1.‘这是熏的肉，不是烤的’，2.‘他今天熏的肉比昨天多’。这里 1‘熏的肉’是向心格，2‘熏的肉’也是向心格，可是凭意义是从动宾格的‘熏肉’转变的。没有上下文，动→名和动宾的分别，至少在北京话是不能表达出来的。”（第五章第一节）陆志韦先生看到了动→名和动宾可能同形的事实，但认为“动的名”也是同形，即认为“动的名”有两个，一个是从动→名插入“的”转来的，一个是从动宾插入“的”转变来的，就缺乏事实根据了。他所举的实例不足以说明这一点。从“这是熏的肉，不是烤的”这个话里看不出“熏的肉”一定是从名词性“熏→肉”插入“的”转变来的；相反，从这句话里“熏的肉”与“烤的”相对比这一点看，倒更证明“熏的肉”是从动宾“熏肉”插入“的”转变来的。另外，卞觉非先生在《略论》一文中也认定名词性“来信”是词，但所说理由（“可以受数量词修饰”）更缺乏说服力。

④ 陆志韦先生自己后来也承认同形替代法“用在构词法上，就是基本错误”（见陆志韦《重印〈北京话单音词词汇〉声明》）。

⑤ 参看朱德熙先生《语法讲义》§ 5. 5，商务印书馆，1982 年，北京。朱先生指出，名动词的主要语法特征是：1. 可以充任准谓宾动词的宾语，2. 可以受名词直接修饰。我们觉得，可以再补充一条：3. 可以直接修饰名词。

⑥ 参看朱德熙先生《语法讲义》§ 1. 2。

⑦ 参看朱德熙先生《现代汉语语法研究的对象是什么?》，《中国语文》1987 年第 5 期。

（原载《中国语文》1988 年第 5 期）

十年来现代汉语语法研究的理论与方法管见

提要 本文指出,十多年来现代汉语语法研究在理论与方法上出现了可喜的变化,不再囿于传统的只满足于对句子成分进行分析的做法,现在分布、替换、扩展、层次、变换等观点及相关方法已广为使用,动词价、语义格、预设、提取、移位、空位等观点及相关方法亦已引入语法研究之中,层次分析已被广泛采纳,变换分析亦已在研究领域里较普遍地使用,在研究中还开始使用语义特征分析,此外还尝试从语用的角度来分析一些语法现象。文章以实例说明,现代汉语语法研究中的一些理论与方法虽然基本上是从国外语言学,特别是美国描写语言学中借鉴来的,但在借鉴中坚持了多元论,坚持了为我所用的原则,注意根据汉语语法研究的实际加以吸收、变通、改造、活用,力求做到形式和意义的结合;同时坚持加强用例调查,加强对语言事实的挖掘。这样做的结果,不仅获得了较好的研究成果,而且在语法研究中提出了不少新的理论和观点。对于今后的语法研究,文章也提出了一些初步的看法。

十多年来,现代汉语语法研究出现了好势头,在理论和方法上出现了可喜的变化。

我们知道,从《马氏文通》诞生到四十年代,汉语语法研究基本上是在传统语法学的间架里进行的。五十年代美国描写语言学逐步影响国内的汉语语法研究,出现了一批成果,如丁声树等的《现代汉语语法讲话》,陆志韦的《汉语的构词法》,吕叔湘的《说"自由"和"粘着"》和《关于"语言单位的同一性"等等》,朱德熙的《现代汉语形容词研究》《说"的"》和《句法结构》,范继淹的《动词和趋向性后置成分的结构分析》等。但是,总起来说在当时美国描写语言学的理论与方法一直处于受批判的地位，斥之为“资产阶级学说”，视之为异端邪说。这种批判几乎使整个语法研究停留在传统语法学的境地而踏步不前。当然，那时也有少部分学者不理会这种批判，继续不声不响地默默无闻地运用描写语言学的研究路子对汉语语法作探索性的研究。这部分学者在“文革”后成了语法研究的中坚力量，其代表人物是吕叔湘、朱德熙等。

描写语言学在中国受批判的同时，在美国本土也受到了猛烈的挑战和批判，爆发了所谓“乔姆斯基革命”，从而引起了语言学界一系列可喜变化：

1. 使语言研究从描写语言学的一统天下进入多中心、全面开发的局面；

2. 使语言研究进入了语音、语法、语义、语用综合研究的时期；

3. 使语言研究从微观研究转向重视宏观研究，从对语言单纯的形式描写转向开始注重对语言的解释；

4. 使语言科学跟数学、心理学、神经学、社会学等学科越来越互相渗透，紧密结合，向着精密科学的方向发展，并出现了许多新的临界学科。

正是这些变化造成了国外多姿多彩而又五花八门的现代语言学。

中国语言学界面对国外多姿多彩而又五花八门的现代语言学，采取了比较冷静的态度。

我们对国外的语言理论与方法，坚持多元论，坚持为我所用的原则，有选择地加以吸收，并根据我们研究的需要加以变通活用。

国外的语言理论与方法基本上是建立在印欧语研究的基础上的。汉语与这些语言存在着类型学上的区别，因此国外的语言理论与方法有适用汉语的一面，也有不适用汉语的一面。我们既不能一概接受，甚至照搬；也不能一概排斥。我们采取了比较冷静、正确的态度和做法，那就是坚持多元论，不管是属于哪家哪派的，凡对我有用的就采纳，凡暂时用不着的就先搁置一旁。在这种思想指导下，我们语法研究中除原先美国描写语言学的一些观点与方法继续使用外，还从转换生成语法、格语法、系统功能语法、语义学、语用学中吸收了不少有用的观点与方法。现在，分布、替换、扩展、层次、变换等观点及相关方法已广为使用，价（亦称“向”）、语义格、预设、提取、移位、空位等观点及相关方法亦已引入语法研究之中。而从对句法结构（包括句子）的分析看，已不再以能分析出一个句子的几大成分，说明某个成分由什么词担任为满足，已放弃比较陈旧的句子成分分析法（亦称中心词分析法）。现在，层次分析已被广为采用，而且已深入到教学领域；变换分析已在研究领域广为使用；在研究中还开始使用语义特征分析；此外还尝试从语用的角度来分析某些语法现象。这里需要指出的是，我们的吸取是有选择的吸取，这种吸取服务于汉语语法研究的需要，并根据汉语语法研究的实际加以适当的变通。例如，我们吸取了菲尔墨（C. J. Fillmore）“格”的理论，以说明动词和名词之间的语义联系，并从格关系进一步引出了“语义指向”的说法。例如“我吃苹果”，从语义上看，我们说动词“吃”一方面是指向“我”（施事）的，一方面是指向“苹果”（受事）的。这还属于格关系的。下面的情况则不同。先看例子：

砍光了	砍累了
砍钝了	砍快了
（胳臂）砍疼了	砍坏了

从格式上看，都是“动+形+了”的述补结构。但补语在语义上是指向哪儿的？细分析各不相同：

砍光了［“光”指向“砍”的受事］

砍累了［“累”指向“砍”的施事］

砍钝了[“钝”指向“砍”的工具]

砍快了[“快”指向“砍”动作本身]

(胳臂)砍疼了[“疼”在某种情况下指向“砍”的受事,在某种情况下指向“砍”的施事的隶属部分,因此这是一个有歧义的结构]

砍坏了[“坏”在某种情况下是指向“砍”的受事,在某种情况下是指向“砍”的工具,因此这也是一个有歧义的结构]

显然补语在语义上的指向已超出了格关系。我们称这种实词与实词之间的语义联系为语义结构关系,将句法结构中的某一成分(如上面例子里的补语)语义上的指向称为某成分的语义指向。下面再以句法分析为例进一步作些说明。

上面讲到,我们目前在句法分析上层次分析已广泛运用,变换分析在研究领域里也已广为使用,同时在研究领域里开始运用语义特征分析。这里需要指出的是,这些分析手段的运用一方面固然是受到国外现代语言学理论与方法的影响,另一方面也是我们语法研究的需要而自然地逐步吸取的,同时结合汉语语法的研究实际加以变通活用。

我们知道,在汉语语法研究教学中,一直采用句子成分分析法(或称中心词分析法)。这种分析法的一个致命的弱点是严重忽视句法构造的层次性。举例说,“这张照片放大了一点儿。”这句子是有歧义的:

A. 相当于“这张照片只放大了一点儿”(放得不太大)。

B. 相当于“这张照片放得大了一点儿”(放得太大了)。

造成上述歧义的原因是内部构造层次不同。按A,那句子应分析为:

这张照片放大了一点儿

主 | 谓

述 | 补 ①

按B,那句子应分析为:

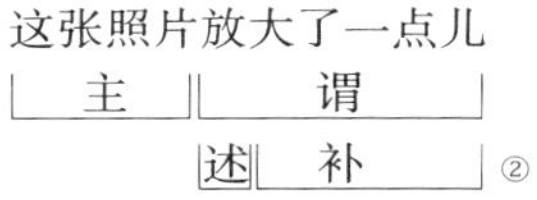

但如用句子成分分析法,无法分化这种歧义现象,不管表示A义或B义,都分析为:

这张　照片　放　大　了一点儿

(定)(主)(谓)(补)(补)

再例如:

(1)洗干净了

(2)挖浅了

(3)挖深了

例(1)表示的语法意义是,行为动作完成了,并达到了预期的目的A;例(2)表示的语法意义是,行为动作完成了,但并未达到预期的目的;例(3)表示的语法意义可以是A,也可以是B。从格式上看,例(1)、(2)、(3)都是"动+形+了";从结构性质看,例(1)、(2)、(3)都属述补结构;那为什么所表示的语法意义不同呢?原来内部构造层次不同。例(1)的内部构造层次是:

例(2)的内部构造层次是:

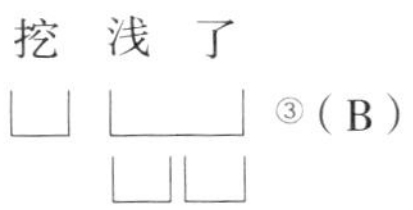

例(3)的内部构造层次,可以与例(1)同,也可以与例(2)同:

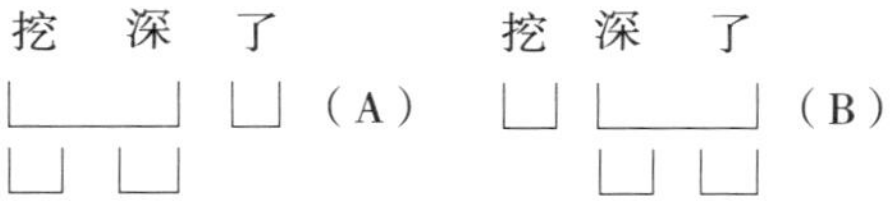

上述分化情况靠句子成分分析法不能分析得到。按句子成分分析法,例(1)、(2)、(3)完全相同:

(1) ‖选 干净(了)[④] (2) ‖挖 浅(了) (3) ‖挖 深(了)

(谓) (补) (谓) (补) (谓) (补)

因此,在汉语语法研究中放弃句子成分分析法,引进层次分析,是理所当然的,是句法分析的需要。

层次分析,美国描写语言学称之为直接组成成分分析(immediate constituent analysis,简称 IC analysis),最早是由布龙菲尔德(L. Bloomfield)提出来的。[⑤]我们所运用的层次分析当然是从美国描写语言学中吸取来的,但又有所不同,美国描写语言学运用层次分析,只讲切分,不讲定性,即只要求指明每一层面上的直接组成成分,不要求指明那直接组成成分之间的语法关系;我们呢,则不但讲切分,还讲定性。这是因为在印欧语里,如英语里,词类与句法成分基本上是一一对应的,因此"词类和层次在一定的程度上可以控制结构关系";而我们汉语缺乏形态,词类与句法成分是一对多对应,因此"汉语光凭词类和层次不能控制结构关系"。[⑥]这样,汉语语法分析中运用层次分析就不仅要讲切分,还必须讲定性。这也正是我们根据汉语的情况对描写语言学的直接组成成分分析所作的变通。

层次分析能帮助我们把研究引向深入,不断揭示新的语法规律,用处很大,但是有局限。层次分析只能揭示构造层次和显性的语法关系(overt G. R.,亦称语法结构关系),不能揭示句法结构内部隐性的语法关系(covert G. R.,亦称语义结构关系)。例如:

(4)台上坐着主席团

(5)台上演着梆子戏

例(4)、(5)表示的语法意义不同:例(4)表示存在,表静态(A);例(5)表示活动,表动态(B),而例(4)、(5)从格式上看,都是:

NP[L]+V+着+NP

如运用层次分析,例(4)、(5)分析所得结果相同:

台上	坐着	主席团		台上	演着	梆子戏
主	谓			主	谓	
	述	宾			述	宾

有时我们还会遇到这种类型的歧义句:

(6)山上架着炮

例(6)既可以理解为A义,表示存在,意即山上有炮;也可以理解为B义,表示活动,意即山上正在架炮。那么上述意义上的差别是怎么造成的呢?那是由句法结构内部实词和实词之间的语义联系的不同造成的,具体说,例(4)NP[L]“台上”是指明NP“主席团”存在的处所,而例(5)NP[L]“台上”是指明“演梆子戏”这一活动的场所。这种实词与实词之间的语义联系通常就称之为隐性语法关系,亦即语义结构关系。由语义结构关系造成的歧义句式,层次分析就无力对付,这就要求我们去探求新的分析手段。变换分析的运用正是适应了这种研究需要。

上面所举的例(4)、(5)表面看结构相同,实际上还不是严格的同构,因为内部的语义结构关系不同。这里我们不妨把表示A义的“NP[L]+V+着+NP”记为[A]式,把表示B义的“NP[L]+V+着+NP”记为[B]式。我们怎么验证[A]式和[B]式在语法意义表达上的不同呢?怎样分化如例(6)那样的歧义句呢?

我们看到,表A义的[A]式可以跟“NP+V+在+NP[L]”句式(我们将这种句式记为[C]式)相联系。例如:

[A]台上坐着主席团→[C]主席团坐在台上

“主席团坐在台上”也表示存在,也表静态,NP[L]“台上”也是指明NP“主席团”存在的处所。类似的例子如:

[A]		[C]
(7)门口站着人	→	人站在门口
(8)前三排坐着来宾	→	来宾坐在前三排
(9)黑板上写着字	→	字写在黑板上
(10)墙上挂着画	→	画挂在墙上

上述情况说明,[A]式和[C]式有变换关系,[A]式可以变换为[C]式,即:

[A]→[C]

而表B义的[B]式可以跟“NP[L]+正在+V+NP”句式(我们将这种句式记为[D]式)相联系。例如:

[B]台上演着梆子戏→[D]台上正在演梆子戏

“台上正在演梆子戏”也表示活动,表动态,NP[L]“台上”也是指明“演梆子戏”这一活动的场所。类似的例子如:

[B]		[D]
(11)门外敲着锣鼓	→	门外正在敲锣鼓
(12)外面下着大雨	→	外面正在下大雨
(13)大厅里跳着舞	→	大厅里正在跳舞
(14)隔壁打着电话	→	隔壁正在打电话

上述情况说明,[B]式和[D]式有变换关系,[B]式可以变换为[D]式,即:

[B]→[D]

这里值得注意的是,[A]式只能与[C]式发生变换关系,不能与[D]式发生变换关系;反之,[B]式只能与[D]式发生变换关系,不能与[C]式发生变换关系,即:

[A]→[C]

⇸[D]

[B]→[D]

⇸[C]

上面说到,例(6)既可表示A义,也可以表示B义。这是[A]式和[B]式在这个具体的句法结构身上重合的结果。我们通过变换分析可以证明这一点。当例(6)表示A义时,它为[A]式,可变换为[C]式:

[A]山上架着炮→[C]炮架在山上

当例(6)表示B义时,它为[B]式,可变换为[D]式:

[B]山上架着炮→[D]山上正在架炮

这样,通过变换分析达到了分化有歧义的例(6)。

从上可知,变换分析与层次分析显然不同,层次分析着眼于句法结构内部的分析,通过分析使我们了解到一个句法结构内部所包含的若干个词是怎样按照一定的句法规则一层一层地组合起来的。而变换分析着眼于句法结构的外部分析,即着眼于考察所分析的句法结构(一般称之为原句式)跟与之有内在结构关系的句法结构(一般称之为变换式)之间的联系,通过分析达到分化歧义句式或给原句式定性、分类的目的。

我们所运用的变换分析来源于美国描写语言学家海里斯(Z. Harris)。[7]但是,我们并不是拿来就算了,而是根据汉语语法研究的实际加以改造,并形成了一套有关变换分析的理论:

1. 变换分析是一种语法分析手段，变换可以理解为存在于两种结构不同的句法结构之间的依存关系。[8]

2. 变换是句式的变换，不是某个具体句子的变换。因此，无论原句式或变换式都集合着许多实例。如果把有变换关系的两个句式的实例分行排列，就形成一个变换矩阵（transformational matrix），如上面举到过的例子：

[A]	NP[L]+V+着+NP	→	[C]	NP+V+在+NP[L]
A—1	台上坐着主席团	→	C—1	主席团坐在台上
A—2	门口站着人	→	C—2	人站在门口
A—3	前三排坐着来宾	→	C—3	来宾坐在前三排
A—4	黑板上写着字	→	C—4	字写在黑板上
A—5	墙上挂着画	→	C—5	画挂在墙上

3. 在变换矩阵里的句法结构，无论在形式上或意义上存在着一系列的平行性：[9]

a. 原句式，即箭头左边的句式，各竖行的句法结构都同构，[10]所表示的语法意义一致；变换式，即箭头右边的句式，各竖行的句法结构都同构，所表示的语法意义一致。

b. 横行句法结构之间是变换关系，横行的句法结构之间不同构；所有横行箭头左右两侧的句法结构在结构上和语法意义上的差异一致，而每一横行箭头左右两侧的句法结构其共现词（co-occurrence word）之间的语义关系一致。

4. 上述平行性原则，对变换关系来说，具有验证作用；对于变换矩阵里的各实例来说，具有鉴别作用。[11]

当初海里斯提出变换时，只是以变换前后句子的可接受性为变换标准，[12]我们关于变换分析的论述显然大大发展了海里斯的变换理论。

变换分析的作用并不只在分化歧义句式或给句式定性、分类，它可以帮助我们把研究进一步引向深入，揭示更多的语法规律。举例来说，表祈使的"把"字句式"把+NP+V+了"与受事主语祈使句式"NP+V+了"有变换关系：

把衣服脱了！ → 衣服脱了！

把那房子拆了！ → 那房子拆了！

把这些旧书卖了！ → 这些旧书卖了！

把这几句话删了！ → 这几句话删了！

把这封信烧了！ → 这封信烧了！

但我们发现，当"把"后面的 NP 为人称代词时，都不能变换为受事主语祈使句。例如：

把他杀了！ ↛ *他杀了！

把它宰了！ ↛ *它宰了！

把它扔了！ ↛ *它扔了！

把它吃了！ → *它吃了！

显然，通过变换分析，不仅使我们了解到这种"把"字祈使句可以根据 NP 的不同情况分为两小类，而且进一步使我们认识到汉语里边人称代词不能占据受事主语祈使句的主语位置。再譬如，最近我们发现了有关双宾结构的两条规则：(1)当近宾语为非人称代词时，远宾语得是个"数·量·(名)"结构，否则所形成的双宾结构是粘着的。(2)双宾结构的远宾语不能是一个领属性偏正结构。[13]这两条规则的发现就是在研究一部分"把"字句式与双宾结构的变换关系时才发现的。请看实例：

(15) 把书给他 → 给他书

(16) 把皮箱给我 → 给我皮箱

(17) 把挂历给隔壁奶奶 → ?给隔壁奶奶挂历

(18) 把皮箱给张老师 → ?给张老师皮箱

(19) 把我的书给张老师 ↛ *给张老师我的书

(20) 把我们的皮箱给他 ↛ *给他我们的皮箱

例(15)、(16)"给"的与事宾语是人称代词,相应的变换式能成立,而且能单说,是自由的;例(17)、(18)"给"的与事宾语为非人称代词的名词性成分,相应的变换式虽能成立,但不能单说,是粘着的;例(19)、(20)由于"给"的受事,即"把"的宾语,是个领属性偏正结构,所以"给"的与事宾语不管是一般的名词还是人称代词,相应的变换式都不能成立。

显然,变换分析进一步扩大了我们的研究视野,但变换分析也还是有它的局限,它可以用来分化歧义句式,但不能解释造成歧义句式的根本原因。例如上面所举的"台上坐着主席团"和"台上演着梆子戏"同构,都是：

$NP_{[L]}$	V 着	NP
主	谓	
	述	宾

那为什么内部实词之间的语义结构关系不同,二者表示的语法意义不同呢？变换分析只能证实它们不同,不能回答它们为什么不同。这就要求我们又要去探求新的分析手段,从而产生了语义特征分析。

"NP[L]+V+着+NP"之所以会分化为[A][B]两个格式,关键在动词V。考察分析[A]式各实例的动词,如上文例(1)和例(7)—(10)的

"坐、站、写、挂"和下文例(21)—(27)的"躺、蹲、刻、钉、绣、盖、画":

(21)床上躺着病人

(22)地上蹲着许多人

(23)石头上刻着字

(24)袖口上钉着扣子

(25)枕头上绣着花儿

(26)身上盖着被子

(27)封面上画着画

通过分析将会发现,这些动词的具体意义各不相同,但含有共同的意思,那就是都含有"附着"的意思。[14]正是因为[A]式里的动词含有"附着"的意思,所以[A]式可以变换为[C]式。反之,[B]式里的动词都不含有"附着"的意思。我们就把"附着"看作是[A]式里的动词所具有的共同的语义特征。我们如果把[A]式里的动词V记为V_a,那么V_a所具有的语义特征可表示为:

V_a[+附着]

关于语义特征分析目前尚缺乏理论总结。这里不妨再举些实例。下面是与"给"相关的两组句子:[15]

A	B
卖(了)批图书给学校	买(了)批图书给学校
送(了)份情报给敌人	偷(了)份情报给敌人
递(了)支香烟给张三	讨(了)支香烟给张三
让(了)个位置给李四	抢(了)个位置给李四
扔(了)个皮球给小王	要(了)个皮球给小王

A 和 B 同构，都是：

V（了）+ NP + 给 + NP'
|　　连　　|　动　|
|　述　|　宾　|述|宾|

但从语义上看，A 和 B 有区别。A 包含两个动作，但说的是同一件事。拿"黄子平卖了批图书给学校"来说，黄子平卖图书的过程也就是图书由黄子平转移到学校的过程。B 也包含两个动作，说的却是彼此分离的两件事。拿"黄子平买了批图书给学校"来说，黄子平买图书和黄子平把那图书给学校是彼此分离的两件事。这种语义上的区别可以通过变换加以验证：

A. 卖（了）批图书给学校 → 卖给（了）学校一批图书
送（了）份情报给敌人 → 送给（了）敌人一份情报
递（了）支香烟给张三 → 递给（了）张三一支香烟
让（了）个位置给李四 → 让给（了）李四一个位置
扔（了）个皮球给小王 → 扔给（了）小王一个皮球

B. 买（了）批图书给学校 ↛ *买给（了）学校一批图书
偷（了）份情报给敌人 ↛ *偷给（了）敌人一份情报
讨（了）支香烟给张三 ↛ *讨给（了）张三一支香烟
抢（了）个位置给李四 ↛ *抢给（了）李四一个位置
要（了）个皮球给小王 ↛ *要给（了）小王一个皮球

很明显，A 组可以变换为"V+给+（了）+NP'+NP"句式，而 B 组不能。A 和 B 为什么会有上述区别呢？经考察分析 A 和 B 里的各个动词，发现 A 和 B 里的动词所具有的语义特征不同：A 里的动词，我们不妨记为 V_a，具有"给予"的语义特征，而不具有"取得"的语义特征；B 里的动词，我们不妨记为 Vb，则正好相反，具有“取得”的语义特征，不具有“给予”的语义特征，即：

Va［+给予，-取得］

Vb［-给予，+取得］

通过语义特征分析求知，A 和 B 虽同构，但从更严格意义上说，它们还是不同构，应分别表示为：

A. Va（了）+NP+给+NP'

B. Vb（了）+NP+给+NP'

请允许我再举个例子：

A. 死了三天了

B. 等了三天了

C. 看了三天了

D. 挂了三天了

A、B、C、D 同构，都是：

V 了 T 了（T指表时间的数量词）

[16]

但它们表示的意义各不相同：A 的时量宾语表示动作行为完成以后经历的时间；B 的时量宾语表示动作行为持续的时间；C 的时量宾语既可以表示动作行为完成以后经历的时间（那小说早看完了，看了三天了），也可以表示动作行为持续的时间（那本小说看了三天了还没看完）；D 的时量宾语既能表示动作行为完成以后经历的时间（“你们那儿彩灯挂了吗？”“早挂了，挂了三天了。”），也可以表示动作行为持续的时间（那彩灯太大了，挂了三天了还没挂好），又能表示由动作行为

造成的状态所持续的时间(彩灯一直在门上挂着,都挂了三天了)。[17]上述不同可列表比较如下:

	动作完成后经历的时间	动作持续的时间	动作造成的状态所持续的时间
A	+	-	-
B	-	+	-
C	+	+	-
D	+	+	+

上述A、B、C、D的不同,我们可以通过变换分析加以证实(略)。为什么A、B、C、D虽然同构却在语义表达上不同,并各自有不同的变换情况呢?通过考察分析,原来它们各自包含的动词所具备的语义特征不同。

能出现在A里的动词,除了"死"外,再如"伤、断、熄、完、了(liǎo)、丢、塌、出现、成立、出嫁、提拔"等;能出现在B里的动词,除了"等"外,再如"盼、哭、笑、追、养(~鸡)、玩儿、上(~学)、忍、病、想、占、寻思、张罗、琢磨、陪伴"等;能出现在C里的动词,除了"看"外,再如"听、说、学、问、教、干、造、扫、擦、浇、剪、修、商量、研究、广播、打扫"等;能出现在D里的动词,除了"挂"外,再如"摆、插、贴、装、盖、种、栽、穿、戴、系(jì)、披、扎、缝、梳、腌"等。我们把出现在A、B、C、D里的动词分别记为V_a、V_b、V_c、V_d。细细分析各类动词发现它们所具备的语义特征不同如下:[18]

V_a[+完成,-持续,-状态]

V_b[-完成,+持续,-状态]

V_c[+完成,+持续,-状态]

V_d[+完成,+持续,+状态]

通过语义特征分析求知,A、B、C、D从更严格意义上说还是不同构:

A:V_a+了+T+了

B：V_b+了+T+了

C：V_c+了+T+了

D：V_d+了+T+了

显然，语义特征分析使我们对句法格式的研究进一步深化了。它不仅对歧义句式进行了更严格的分化，而且也使我们看到为什么不同意义的词能在同一句式里出现而保证该句式能表示一致的语法意义。因此语义特征分析使我们的语法研究进一步实现了形式和意义的统一。

从上面的介绍看，我们语法研究中的一些理论、方法基本上是从国外语言学，特别是美国语言学中借鉴来的，但又不是照搬，而是根据汉语语法研究的实际加以变通改造活用，其中极为重要的一点，那就是我们比较注意形式和意义的结合，而非纯形式或纯意义的描写。

在语法研究中所谓形式和意义结合，不是说我们每研究一个问题，描写一种语法现象都必须形式意义双管齐下，同时下手，事实上这是不大能办到的。我们所说的形式和意义的结合指的是形式和意义要相互渗透，相互验证。具体说，我们可以从意义入手，也可以从形式入手，但无论从哪一方入手，都应力求从另一方去得到验证。这就是说，从意义入手，要力求在形式上得到验证，找到形式上的表现；从形式入手，要力求在意义上得到验证，找到意义上的依据。这种形式和意义上的互相渗透，互相验证，有时要反复进行。又拿前面举过的例子来说，对于[A]式（如“台上坐着主席团”）和[B]式（如“台上演着梆子戏”），我们首先从所表示的语法意义上抓到它们的不同，一个表示存在，表静态；一个表示活动，表动态。于是通过变换分析从形式上加以验证（[A]和[B]变换式不同）。然后又通过语义特征分析，发现[A]式里的动词 V_a 都具有“附着”的语义特征，而[B]式里的动词 V_b 不具有“附着”的语义特征，从而进一步又从意义上得到验证，说明[A]式和[B]式确实应严格分化为两种不同的句式。

我们在对国外语言学理论和方法坚持多元论，坚持有选择地吸收，并在运用过程中根据我们的研究实际加以变通活用的同时，坚持加强用例的调查，加强对语言事实的挖掘。

大家深深认识到，理论和方法都是从用例调查，从对语言事实的挖掘中产生的。没有用例调查，不对语言事实进行深入细致的挖掘，就不可能产生新的理论和方法；在用例调查不充分，对语言事实挖掘不深不细的基础上产生的理论和方法必然带有先天的缺陷。[19]

我们看到，这十多年来的语法研究同“文革”前比较，从整个语言学界看，有一个很大的进步，那就是比较重视用例调查，重视对语言事实具体而又深入的挖掘，而不是只满足于分析句子六大成分，说明某个词能做什么成分，不能做什么成分，或者某个句子成分能由哪类词充任，不能由哪类词充任。现在比较注意从形式和意义的结合上去深入细致地描写语言事实，说明问题。因此，这个时期的文章一般都比较充实，有深度。

最近我们常常听到有些人批评说，我们汉语语法研究光有事实没有理论。这个批评是不太符合实际的。应该看到，这十多年来正是由于语法学界坚持了对语言事实的具体深入的挖掘，获得了可喜的成果，在语法研究中提出了不少新的理论和观点：

汉语语法研究应以词组为本位；[20]

汉语词类与句法成分是一对多对应；[21]

汉语句子的构造原则跟词组的构造原则基本上是一致的；[22]

汉语实词的划分应以词的语法功能（即词的分布）为依据，而且这是无论哪种语言词的语法分类的最本质的依据；[23]

在由实词和实词组合的句法结构中总是同时并存着两种不同的结构关系——语法结构关系（亦称显性的语法关系）和语义结构关系（亦称隐性的语法关系）；[24]

关于粘合、组合的观点；[25]

关于陈述和指称的观点；[26]

关于自指和转指的观点；[27]

关于单双音节对词语结构影响的理论；[28]

关于歧义指数的理论；[29]

关于将横向的汉语方言之间的比较研究与纵向的古今汉语之间的比较研究相结合的理论、方法；[30]等等。

这些新的理论和观点都不是在空泛的议论中提出来的，都是从对汉语语法的实际研究中提出来的，有的是隐含在对具体语言事实的描写之中。这些新的理论与观点对普通语言学理论无疑是有贡献的。

以上我们就这十多年来语法研究的理论、方法作了一个大概的回顾。下面说说今后怎么办。

就狭义的语法研究来说，所关心的问题无非就是切分、等同、归类、组合这一些问题。这些问题的解决，作形式上的结构分析是避开不了的。但是，语法研究的最终目的是要探求清楚形式和意义之间的对应关系——什么样的意义用什么样的形式来表达；反之，什么样的形式，可以表示什么样的意义。显然要实现上述目的，单纯的结构分析与描写是不够的，一定得考虑意义，同时也需要考虑语用。举个实例来说，A“拿来（了）一本书”可以说成 B“拿（了）一本书来”。语言事实告诉我们，A 和 B 里的许多实例并不都能互换，试看：

	A. V+来（了）+NP	B. V（了）+NP+来
（28）	拿来（了）一本书	拿（了）一本书来
	送来（了）两筐苹果	送（了）两筐苹果来
（29）	跑来（了）两只狗	——
	飘来（了）一股香味儿	——
	传来（了）三声枪响	——

(30) —— 开(了)个西瓜来
—— 炒(了)个木须肉来
—— 泡(了)壶开水来

什么情况下 A 和 B 可以互换,什么情况下不能?为什么例(28)可以互换?为什么例(29)只能有 A 式,不能有 B 式?为什么例(30)则只能有 B 式不能有 A 式?要回答这些问题,对 A、B 式分别作结构分析当然是必要的,但这是不够的,一定还要作语义分析,而对 A、B 在表达上的异同还需作语用上的说明。[31]这就是说,要回答好上面的问题需要对这两个格式作语法、语义、语用的综合分析,这种综合分析体现了形式和意义的结合。

语法结构的形式分析应该说美国描写语言学为我们提供了一套有效的理论与方法,而语义、语用方面的分析至今还缺乏有效的理论和方法,甚至有些概念至今还不清楚。譬如说,语法研究中所要涉及的意义有哪些方面?从以往的论著看,提到过以下几方面的意义:

词汇意义;

语法意义;

语气意义;

语用意义;

语境意义。

这些意义与语法研究的关系具体如何?我们研究某个具体问题时,具体该怎么考虑意义?

问题的复杂还在于意义含有多层面性,例如同为语法意义,还有不同层面的语法意义:

词类所赋予的语法意义;

某些特殊词语,如虚词所表示的语法意义;

某种句式所表示的语法意义；

某种语法结构关系所表示的语法意义；

某种语义结构关系所表示的语法意义；

某种语法位置所表示的语法意义。

在具体研究中怎么考虑这种种不同层面的语法意义？这些不同层面的语法意义之间是否存在某种联系？

再拿上文提到的语义特征来说，也有许多不清楚的地方。某些词的语义特征不是凭空概括得来的，必须结合具体的句式才能概括得到。这也告诉我们，某个句式里的某一种词（动词或名词或别的实词）的语义特征对该句式起着制约作用。那么一种句式是否只受一种词的一种语义特征制约？一种词的语义特征是否只能制约一种句式？这在目前都还不清楚。

形式的问题也不是都清楚了。譬如说至今我们还没找到主谓结构的形式标志。[32]述宾结构、述补结构、"状—中"偏正结构、"定—中"偏正结构、联合结构等，它们的形式标志各是什么？至今也未见有人作过认真的研究。而弄清楚各种句法结构的形式标志，对我们汉语语法研究还是很有用的。

以上提到的这些问题都会涉及研究的理论问题，但对于这些问题也还得在实际研究中去解决。在今后的研究中，一方面对国外语言学理论和方法要继续坚持多元论，坚持有选择地吸收引进，变通活用，另一方面要继续坚持用例调查，坚持对语言事实具体而深入的挖掘；而在整个研究中始终要贯彻形式和意义相结合的原则，对汉语语法进行全方位多角度的研究。

附　注

① 有的语法著作将"一点儿"分析为宾语，参看朱德熙《语法讲义》§ 8.6，

商务印书馆,1982 年,北京。

② “放/大了一点儿”是“放得/大了一点儿”的紧缩形式,参看朱德熙《语法讲义》§9.11。

③ “挖/浅了”是“挖得浅了”的紧缩形式。

④ 在句子成分分析法中对“了、看、过”“啊、呢、吗”等虚词不予分析。

⑤ 参看 L. Bloomfield, *Language*, Chapter 10, 1933, 见中译本《语言论》(袁家骅、赵世开、甘世福译)第十章,商务印书馆,1980 年,北京。

⑥ 参看朱德熙《语法分析和语法体系》,《中国语文》1982 年第 1 期。

⑦ 参看 Zellig S. Harris, Co-occurrence and Transformation in Linguistic Structure, in *Language*, 33(1957)。

⑧⑨ 参看朱德熙《变换分析中的平行性原则》,《中国语文》1986 年第 2 期。

⑩ 这里所谓的同构是指句式中所包含的词所属的词类相同,构造层次相同,语法结构关系相同。

⑪ 参看方经民硕士学位论文《变换理论研究》第四章。(油印本)

⑫ 参看 Zellig S. Harris, Transformational Theory, in *Language*, 41(1965)。

⑬ 参看陆俭明《双宾结构补议》,《烟台大学学报》1988 年第 2 期。

⑭ 参看朱德熙《“在黑板上写字”及相关句式》,《语言教学与研究》1981 年第 1 期。

⑮ 参看朱德熙《与动词“给”相关的句法问题》,《方言》1979 年第 2 期。

⑯ 一般语法书把“V 了 T 了”分析为述补结构,参看胡裕树主编《现代汉语》(修订本)第四章第五节,上海教育出版社,1979 年,上海。

⑰⑱ 参看马庆株《时量宾语和动词的类》,《中国语文》1981 年第 2 期。

⑲ 参看林裕文《回顾与展望》,《中国语文》1982 年第 4 期。

⑳ 参看郭绍虞《汉语语法修辞新探》,商务印书馆,1979 年,北京;又参看朱德熙《语法答问》,商务印书馆,1985 年,北京。

㉑ 参看朱德熙《语法答问》。

㉒ 同⑳。

㉓ 参看朱德熙《语法讲义》§3.1 和《语法答问》。

㉔ 参看陆俭明《汉语口语句法里的易位现象》§7.2,《中国语文》1980 年第 1 期;又参看吕叔湘《狙公赋茅和语法分析》,《语法研究和探索》(二),北京大学出版社,1984 年,北京。

㉕ 参看朱德熙《语法讲义》§9.2, §10.7。

㉖ 参看朱德熙《自指和转指:汉语名词化标记“的、者、所、之”的语法功能和语义功能》,《方言》1983 年第 1 期;又参看《语法讲义》§8.11。

㉗ 参看朱德熙《自指和转指:汉语名词化标记"的、者、所、之"的语法功能和语义功能》。

㉘ 参看吕叔湘主编《现代汉语八百词·现代汉语语法要点》,商务印书馆,1981年,北京;《现代汉语单双音节问题初探》,《中国语文》1963年第1期。

㉙ 参看朱德熙《"的"字结构和判断句》,《中国语文》1978年第1期、第2期。

㉚ 参看朱德熙《汉语方言里的两种反复问句》,《中国语文》1985年第1期;《语言地理类型学·序》,见桥本万太郎著《语言地理类型学》(中译本),北京大学出版社,1985年,北京。

㉛ 参看陆俭明《关于"去+VP"和"VP+去"句式》,《语言教学与研究》1985年第4期。

㉜ 参看陆俭明《周遍性主语句及其他》,《中国语文》1986年第3期。

(原载《国外语言学》1989年第2期)